19歳の読書論

——図書館長からのメッセージ——

和田　渡　著

晃　洋　書　房

はじめに

ある日のこと、天王寺始発の地下鉄御堂筋線の電車に座って本を読んでいると、向かいの席に中高年の夫婦が座った。座るとすぐに、夫は単行本を、妻は文庫本を読み始めた。筆者の隣に座った初老の男性も二段組の単行本を読み始めた。それぞれの本は、きちんときれいにカヴァーされていた。見慣れない光景に驚いた。本はまだ死んでいないのだ。書店の数は減る一方だが、古本屋業界は結構にぎわい、じつは本不足なのだと、ある古本屋の店主は教えてくれた。

とはいえ、こうした光景が珍しく映るほど、いまや電車内で、スマホを手にしていないひとを見つけることはむずかしい。子供も学生も、サラリーマンも主婦も、精巧なおもちゃにすっかり夢中になっている。スマホの浸透力には脱帽するしかない。いまや身体と一体化したスマホは、車内でも、路上でも、入浴中でも、食事中であろうと、ひとから離れることは金輪際ないのだ。

スマホを見る目は、小さな画面に釘づけである。本を読むひとは、しばしば、本から目を離して、思考や想像の世界に入りこむ。本が開く世界には、精巧な機械にはない奥行きと深さがある。思索の時間を経て、目はふたたび活字にもどる。読書は、紙面と紙面を離れた世界との往還運動のなかで進行する。

この往還運動は、おそらく、ひとのこころをしなやかにする。からだの運動がからだを柔軟にするのに似ている。これらの運動を欠けば、われわれは心身ともに硬直した存在となりかねない。自分や他人や社会の動きに対する感受性が鈍くなり、自分のあるべき姿を見失うことにもなる。

読書は、成長の原動力である。すぐれた本とつき合うことによって、ひとは平板で窮屈な日常から、奥行きと深さのある世界へと移行することができる。読書は、思索への招待でもある。

しかし、なぜ考えることが必要なのだろうか。この世界では、われわれは挫折して落ちこんだり、他人との軋轢に苦しんだり、不測の事態に遭遇したりして、おろおろと生きていかざるをえないが、それらに向き合い、事態を好転させるためには、深く、しなやかに考えることが求められるからである。思考は、現実の苦難に抵抗する力になる。

スマホが用意するのは、思考力衰退への道である。スマホでは、考える力、困難なことに立ち向かう力を鍛えることはできない。スマホは、現在の地位から1ミリも浮上することなく、ただでさえせわしない時間をいっそう加速するツールでしかない。そこには、人間的な成長につながる思考や記憶、想像が生き生きと働く余地がないのだ。

本読みの達人であった詩人の長田弘は、いい本とは、そのなかに「いい時間」があるような本のことだと、どこかで述べていた。「いい時間」とは、本を読むことによって自分の変身につながるような経験を生きる時間のことだ。

夜寝る前にすわり心地のよい椅子に座って、ゆったり本を読む。木陰のベンチで、小鳥のさえずりに包まれてページを繰り、考えたことを書きとめる。そんなぜいたくな読書は、なかなかしたくてもできないかもしれない。けれども、電車に揺られながらのこま切れの読書でも、雑務のあいまの短いコーヒーブレイクでも、本を開くだけでそこに広がる別種の時間につかのま身を浸すことができる。複数の時間を生きる、多次元の世界と触れ合う、これこそが思考をはぐくむための土壌となるのだ。

本を友として、本とつき合おう。そして、すこしでも深く考えるひとをめざそう。

目　次

4月―1
活字との共存
――本を読む経験の意味――

シネコンの娯楽映画にはたくさんのひとが集まり、スマホは多くのひとをとりこにして離さない。ミニシアターの「名画」に足を運ぶひとは少なく、電車内でスマホの代わりに文庫本を手にするひともほとんど見かけなくなった。子供でも大人でも近づきやすいもの、分かりやすいものが喜んで受けいれられ、むずかしいもの、理解しにくいものは遠ざけられる。

本でも同じことだ。書店の店頭に並べられているのは、読みやすい本、分かりやすい本や、派手な表紙の雑誌が大半だ。目につきにくい本棚に並べられたむずかしい本は、期限がくればすぐに返品される。

本は読まなければならないものだろうか。片手で操作できる電子機器には夢中になっても、本などに興味をもたないひとに読書の大切さを語っても無視されるだけだろう。読書をすすめる本は少なくないが、それを読んで本を手にとるひとは、日ごろよく本を読むひとだ。本を読まずにすますひとの数は増えていく。本にこだわりをもつひとも少なくなるばかりだ。読書は、もはや必要のない習慣にも思える。

だが、本当にそうだろうか。周りに本がないひとや、生活に追われて本を読む暇のないひと、本を読めない状況にあるひともいる。しかし、たいていの大学生にとっては、本を読む時間はたっぷりある。にもかかわらず、本を読まないというのはよいことだろうか。面倒なことを先送りし、誰もがしている平凡なことしかせずに過ごしたければ、それもよいだろう。しかし、それでは平凡な、いや、平凡以下の大学生にしかなれないし、これから出会ういくつもの壁を乗りこえることはできない。より高い自分をめざすならば、避けて通りたいむずかしいことを一日にせめてひとつやふたつはすることだ。

大学生は、まだ非力で、未熟な若者にすぎない。体力はあるかもしれないが、じっくりと本を読む、読んで深く考える、考えたことをきちんと書くといった力は、まだまだ一人前とは言えないだろう。それらの力を鍛えなければ、魅力的な大人にはなれない。そうした存在になるためにはなにが必要だろうか。だれにもできることは、自分なりのやり方で「アクション」をおこすことだ。自発的になにかをすることによって、多くのことに気づくことができる。体力に自信があると思っていても、いざ走ってみると、思うほどには走れない場合がある。スポーツにかぎらず、さまざまの場面で、自分のイメージと現実にギャップがあると気づく。普段あまり本を読まないひとが本に挑戦すれば、むずかしい漢字が読めない、内容が理解できない、したがって内容についてなにも考えられないといった弱点があらわになる。

アクションを通じて自分の非力、いたらなさを骨身にしみて感じるか否かが、重要な分かれ目なのだ。アクションをおこさず、自分の貧しい現状に気づかなければ、そこで終わりだ。自分が無知で無力なばか者、空っぽの存在でしかないと気づき、それを恥と感じるならば、次のステップが見えてくる。それは、肉体的に、精神的に、脆弱な自分を自分で強化していくという困難な試みに挑戦するステップだ。

本嫌いにとって、むずかしい試みのひとつが本を読むことだ。好奇心が弱く、読む気力も、読む力も欠けていると、満足に本は読めない。読めない自分から目をそらし、本なんて読んでも仕方ないと居直れば、非力な大学生にとどまる。だが、辛抱して読み続けていると、確実に読む力がついてくる。読むことが楽しくもなってくるだろう。読書は、自分の狭い世界を自分で広げていく挑戦、自分で自分をつくっていく試みである。狭い世界で、だれもがしていること、簡単にできることしかしないと、時代を生きぬく実力が身につかない。したくないこと、避けてしまいたいことを敢えてすることこそが、青年に望まれる。

本を読むという冒険に挑戦し、実力を強化しよう。

ヘルマン・ヘッセの『ヘッセの読書術』(岡田朝雄訳、草思社、2013年)は、ヘッセ研究の第一人者であるフォルカー・ミヒェルスが編集したものである。冒頭に、「書物」と題する詩が置かれている。最初の4行を引用してみる。「この世のどんな書物も/きみに幸せをもたらしてはくれない。/だが、それはきみにひそかに/きみ自身に立ち返ることを教えてくれる」(7頁)。本を読む時間は、本を読んでいる自分を読む時間にもなる。その時間を生きるなかで、他を見て自己を振り返る経験が生まれてくるのだ。

ヘッセは読書家として知られている。マウルブロン神学校を中退し、高校も卒業しなかったが、生涯にわたって読書の習慣をもった。30年の間に、新聞や雑誌に3000以上の書評を書いたという。1904年に出版された『ペーター・カーメンツィント』（邦訳『青春彷徨』）の成功によって作家として独立した。『デミアン』は、日本では青春の書としてよく読まれている。

『ヘッセの読書術』には、本の選び方、読書の効用と意味などについて、さまざまな角度から述べられている。「本を読むことと所有すること」のなかの一文を引用しよう。「年を取っていようが、若かろうが、他人の助言と親切な配慮が役に立つとはいうものの、やはり私たちはそれぞれが本の世界に通じる自分自身の道を見つけ出さなくてはならない」（51頁）。友人や教師が熱心にすすめる本でも、自分の興味と合わなければ読んでも面白くない。本を読みたいという意欲と、さまざまな問題に対する強い好奇心があって本を手にするのだが、どの本を選ぶかは自分で決めなければならない。なによりも自分で選んで本を読むことで、知らなかったことが分かり、知りたいことが増えてくる。大切なことを知らないですましていた自分の愚かさにも気づく。それは、本を読む前とは違う自分に変身することである。

ヘッセはこうも述べる。「書物を読んで自己を形成し、精神的に成長するためには、ただ一つの法則とただ一つの道があるのみである。それは自分の読んでいるものに敬意をもつこと、理解しようとする忍耐力をもつこと、他者の意見を認め、それを注意深く聞くという謙虚さをもつことである」（51〜52頁）。ヘッセは、読書が精神的な成長に欠かせないと確信している。読書を娯楽と見なすひとには窮屈な見方かもしれない。だが、ある程度の苦痛や忍耐を伴わなければ効果がないのは運動や筋トレと同じである。

「世界文学文庫」のなかでは、教養について言及されている。「《教養》すなわち、精神と情緒を完成するための努力もまた、（中略）私たちをよろこばせ励ましながら私たちの意識を拡大し、私たちの生きる能力と幸福になる能力を豊かにすることなのである」（81頁）。ヘッセによれば、われわれを教養に導くもっとも重要な道のひとつが、「世界の文学作品を地道に読むこと」（82頁）である。第一級の作家や思想家、あるいは詩人の作品を丁寧にこころをこめて読み、理解することによって精神的にも情緒的にも洗練されるからである。読書だけがわれわれの教養のレヴェルを引きあげるわけではないが、ゲーテやシェイクスピアの作品を読むのと読まないのでは、精神的な成長に雲泥の差が生じる。

「世界文学に対する読者の生き生きとした関係にとって重要なのは、とりわけ読者が自分自身を知ること、それとともにまた、自分にとくに感銘を与える作品を知るということであって、何らかの基準あるいは教養の計画などに従わないということである。読者は、本に対する愛の道を行くべきであって、義務の道を行くべきではない」（85頁）。本が嫌いなひとには読書が苦痛になるが、本好きには、読書が計り知れない効果をもたらす。教師から「これを読みなさい」「読書は大切です」などと言われても、読書は長続きしない。「誰でも各自の性質にふさわしい作品でまず読むこと、知ること、愛することをはじめなくてはならない」（同頁）。他人の指示に従うのではなく、自分になにが欠けているかを自分で把握し、欠点を修正するためにどのような本を読むべきかを考えて、選んだ本を熱心に読むことが大切だ。

ヘッセは、生涯に数万冊の本を読み、そのうちの数冊は何度も読み返したと述べている（213頁参照）。再読の意義はこう語られる。「あらゆる思想家の本、あらゆる詩人のあらゆる詩行は、どれもそれをくりかえし読む者に、数年ごとに一つの新しい顔を見せるであろう。以前とは違った解釈ができるようになり、それまでとは違った共感を呼び起こされるであろう」（198頁）。再読の経験は、われわれの質的な変化、成長を物語るのだ。何度でも読み返せる本があるということは幸いである。

小川洋子の『心と響き合う読書案内』（PHP研究所、2009年）は、文学作品を紹介するラジオ番組で放送されたものをまとめたものである。放送時の語り口がそのまま本書に再現されているので、きわめて読みやすい。春夏秋冬の4章構成で、各章で13の作品が紹介されている。いずれの案内も、やわらかく美しい日本語で語られており、こころに残るものが多い。目次を見て、興味を引く本があれば、そこから読み始めていけばよい。小川は、「まえがき」の終わりでこう述べている。「私がラジオ番組とかかわって得た最も大きな収穫は、再読の喜びを知ったことでした。どれほどの時間が空こうと、本はちゃんと待ってくれています。年齢を重ねた自分に、必ずまた新たな魅力を見せてくれます。本は、人間よりもずっと我慢強い存在です」（5頁）。本は変わらないが、読み手は年を重ねて変わっていくから、同じ本でも読み方や印象が変わってくる。繰り返して本を読めば、そのたびにあたらしい経験ができるからだ。

小川は、本書のタイトルに「心と響き合う」という巧みな表現を選んでいる。読書は、読み手の歴史を含んだ時間と、物語の時間やそこで登場する人物の時間とが溶けあって織りなされる豊かな時間を生きる経験である。読書は、読み手のこころのなかで個人の時間と物語の時間が響き合い、経験の変容が生じる至福の出来事なのである。本書は、本を愛する著者のこころと読者のこころが交流しあう空間を開いている。

春の章では、金子みすゞの『わたしと小鳥とすずと』、川上弘美の『蛇を踏む』、マルグリッド・デュラスの『ラマン』、バーネットの『秘密の花園』、中勘助の『銀の匙』、中島敦の『山月記』などの作品が選ばれている。『銀の匙』についての印象的な文章を引用してみよう。「私は少年を描いた文学に殊更いとおしさを感じ、主人公が少年であるというだけで無条件に手に取ってしまう傾向があります。その中でもこの『銀の匙』は特別です。少年の内面をここまで繊細に描き出した作品はほかにないと思えるほどです」(71頁)。「『描写がきれいで細かいこと、文章に非常な彫琢があるにかかわらず不思議なほど真実を傷つけていないこと、文章の響きがよいこと』」(75頁)という夏目漱石の賞賛のことばも引用してある。

夏の章では、カフカの『変身』、ミヒャエル・エンデの『モモ』、村上春樹の『風の歌を聴け』、夏目漱石の『こころ』、宮澤賢治の『銀河鉄道の夜』、ファーブルの『昆虫記』などが紹介してある。小川のこころに残ることばとして、『モモ』のなかの一節が引用されている。「『光を見るためには目があり、音を聞くためには耳があるのとおなじに、人間には時間を感じとるために心というものがある』」(107頁)。「時間がない、忙しい」を口癖にするひとの時間は時計の時間、目で確かめられる時間であって、こころで感じとられる時間ではない。『モモ』は、日常の時間とは違う時間を生きる喜びを教えてくれる一冊だ。

秋の章のライン・アップは、サンテグジュペリの『星の王子さま』、カズオ・イシグロの『日の名残り』、カレル・チャペックの『ダーシェンカ』、宮本輝の『錦繍』、ベルンハルト・シュリンクの『朗読者』、島尾敏雄の『死の棘』などである。『朗読者』は、1995年にドイツで出版され、のちに20以上の言語に翻訳された。ハンナという女性の強制収容所での犯罪が中心的なテーマである。この小説は、どんな読者のこころにも、おそらく一生消えることのない影響をもたらすだろう。ハンナは、主人公の少年ミヒャエルと出会い、やがて姿を消す。その後、大学生になったミヒャエルは、ハンナが被告人となった裁判の場で再会する。ハンナは、裁判の過程で、ゲーテやツヴァイクやそのほかおおくの本を読んで人生を学んでいき、それによって罪を償うことになる（226頁参照）。小川は、この小説が本を読んで学ぶことの大切さを伝えていると言う（224頁参照）。「それが『朗読者』というタイトルにつながって、結果的に本のすばらしさを描いた小説になっています」（226頁）。

冬の章には、アリステア・マクラウドの『冬の犬』、トルーマン・カポーティの『あるクリスマス』、中上健次の『十九歳の地図』、V・E・フランクルの『夜と霧』、武田百合子の『富士日記』、佐野洋子の『100万回生きたねこ』などが並んでいる。カポーティは、『冷血』という傑作でお金と名声を手に入れたが、その後書けなくなってしまう。アルコールやドラッグに頼る晩年の不遇な生活のなかで、おそらく父の死を契機にして、『あるクリスマス』という幼児期を回想する自伝的な小品が生まれた。

カポーティは、この作品を発表した2年後に心臓発作でなくなった。小川は、『あるクリスマス』をこう評している。「よけいな飾りを省き、技巧を廃した、大変素直な文章です。だからこそ、心に沁みてきます。苦い思い出も、甘い思い出もひっくるめて、読み手自身の『あるクリスマス』を思い出させる、触媒となる作品です」（263頁）。

いずれの読書案内も、抑制の効いた優しい語り口で表現されていて、余韻の残る一冊である。

森本真一と白岩英樹の『ユニバーサル文学談義』（作品社、2015年）は、ふたりの文学を愛する英文学者による、真摯だが、けっして堅苦しくはない対談の記録である。全7章で、文学、表現、他者、芸術と宗教、芸術と社会などが話題になっている。表題に含まれる「ユニバーサル」は、文化のファスト化を促進する現今のグローバリゼーションに対抗する意味をこめてつけられている（9頁参照）。ふたりが守ろうとしているのは、「深い地下水脈でゆっくりと受け継がれてきた文化」（8頁）、「こころの奥底へ静かに潜っていく文化」（9頁）である。ふたりは、この文化こそが、速度と経済を重視するグローバリゼーションの波とは違って、読者のこころに「種」をまき、花開き、それが未来の世代へも受けつがれていくと信じている。

巻末に付記されている「ユニバーサリティをまなざす若い読者のためのブックガイド100」には、内外の古典や近現代の詩歌や小説、思想書などが選ばれている。短い推薦メッセージがついているので、図書館や書店で本を手に取ってみるきっかけになるだろう。

4月—2
読書へのいざない
——本は精神の成長を約束する——

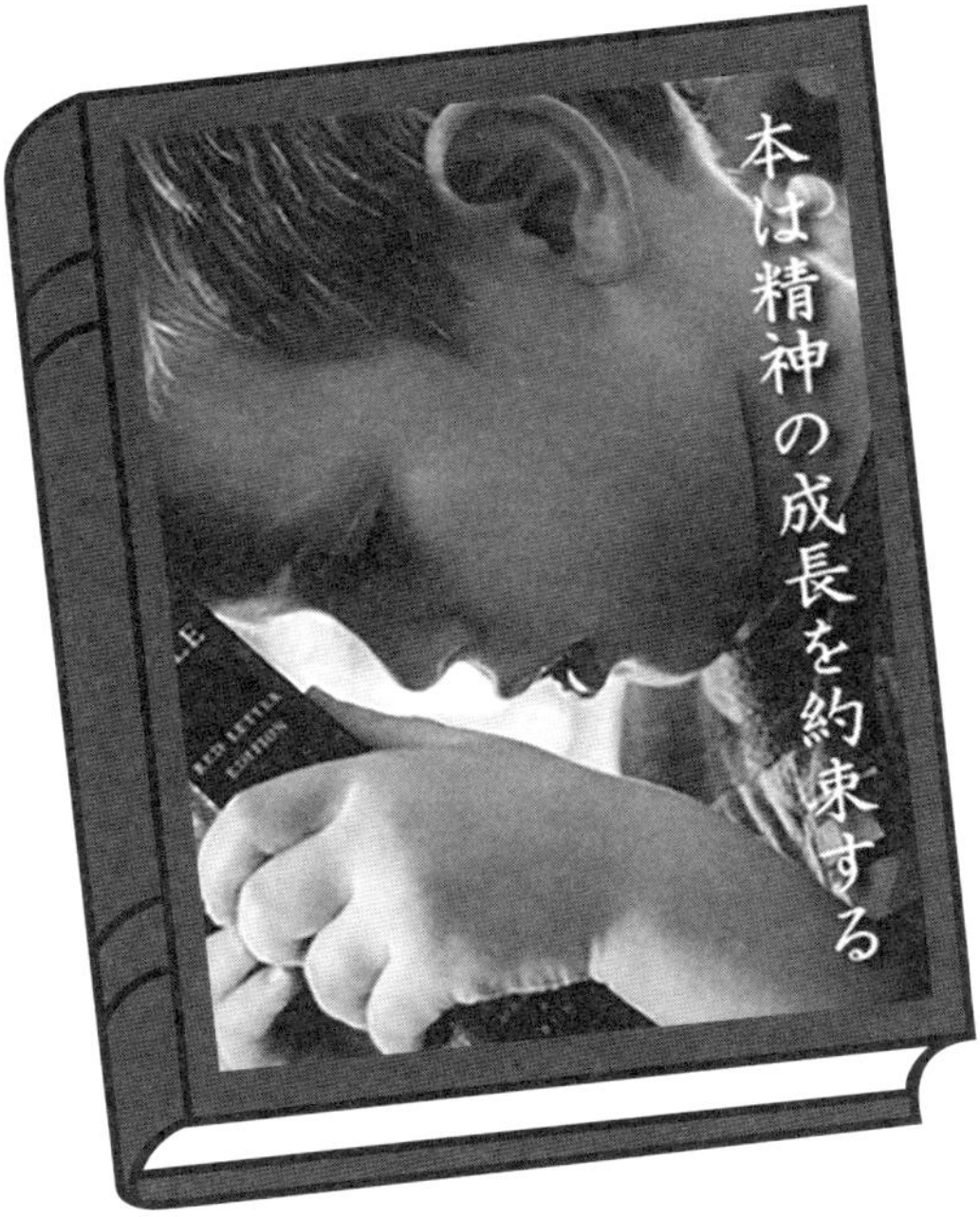

M・J・アドラーとC・V・ドーレンの『本を読む本』（外山滋比古・槇未知子訳、講談社学術文庫、1997年）は、本を読む経験の特徴や、読書の仕方について語った本である。原題は、How to Read a Book である。第一版は1940年にアメリカで発行され、その後、高校や大学で教材として用いられている。スペイン語、ドイツ語、イタリア語、フランス語などにも翻訳されている。アドラーは、「日本の読書の皆さんへ」のなかで、読むに値する良い本を、知的かつ積極的に読むための規則を本書で述べていると語っている（4頁参照）。彼はまた、この本が世界の名著を読み、考えることを通じて自分を教育し、向上させることに役立てばと願っている（同頁参照）。この本の中心的なメッセージを最初に引用しておこう。「すぐれた読者になるためには、本にせよ、論文にせよ、無差別に読んでいたのではいけない。楽に読める本ばかり読んでいたのでは、読者としては成長しないだろう。自分の力以上の難解な本に取り組まねばならない。こういう本こそ読者の心を広く豊かにしてくれるのである。心が豊かにならなければ学んだとは言えない」（247〜248頁）。「単に知識をふやすだけの、情報を伝える本とは違って、読者にとってむずかしいすぐれた本は、永遠の真実を深く認識できるようになるという意味で読書を賢くしてくれる」（249頁）。

本書の目次は以下の通りである。第1部　読書の意味、第2部　読書の第三レベル、第3部　文学の読みかた　第4部　読書の最終目標。第1部の1「読書技術と積極性」の冒頭で、著者は、「本を読む人」、「これから本を読みたい人」のために本書を書いたが、現実には、「情報や知識を主として活字によって得る習慣のある人」（14頁）としての読書家が減少していると述べる。多くのひとが、情報の洪水に巻きこまれ、受動的になって、自分の頭でものを考えなくなっているからである。読書には、積極的に読んで、考えるという態度が欠かせない。「読書の目的——知識のための読書と理解のための読書」のなかでは、2種類の読書について語られている。平たく言えば、「ものを知るひと」になるための読書と、「ものが分かるひと」になるための読書である。前者では記憶力、後者では思索力と洞察力に比重が置かれる。よい本には、読者の理解力をこえるむずかしい箇所がいくつもあり、それを理解しようとつとめる過程で、しだいにものが分かるようになる。それは、「他力本願ではなく、自分で研究し、調査し、熟考して学んでいく過程」（22頁）である。

2「読書のレベル」では、読書が4段階に分けられている。「初歩的な読み書きを学ぶ第1レベル」（26頁）、一定の時間内に割り当てられた分量を読み、内容を把握する「点検読書」（第2レベル）、系統立て徹底的に読む「分析読書」（第3レベル）、ひとつの主題について何冊もの本を相互に関連づけながら読む「シントピカル読書（比較読書法）」（第4レベル）の4つである。段階を踏まなければ、よい本をじっくり考えて読めるようにはならないということである。

著者は、5「意欲的な読者になるには」で、読書をする場合に、正しい質問を正しい順序でする習慣をつけ、その質問に自分自身で答えるようにすることが肝心だと述べる。「何に関する本か」「何がどのように詳しく述べられているか」「本は全体として真実か、どの部分が真実か」「本にはどんな意義があるのか」が根本的な質問としてあげてある。漫然と本を読んでも得られるものは少ない。読書に要求されるのは積極性であり、能動的に問いを発して、考える態度である。

著者によれば、積極的読書とは、なによりも自分で注意深く読み、考え、表現することである（57頁参照）。そのためには、傍線を引く、☆印、※印などを余白につける、キーワードを○で囲む、余白に書き入れをするといった工夫をすることが必要だと説く（58～59頁参照）。

第2部では、分析読書の規則が語られる。第1の規則は、自分がどんな種類の本を読んでいるのかをできるだけ早い段階で知ること、できれば読み始める前に知ることである（69頁参照）。第2の規則は、本全体を2、3行か、せいぜい数行の文で表わしてみることである（88頁参照）。著者の意図や主題を知ることである。第3の規則は、本の主要な部分がどのように順序よく統一的に配列されて、全体を構成しているかを把握することである（89頁参照）。第4の規則は、本の作者がなにを問題にしているのかを知ることである（105頁参照）。

第3部では、文学作品を読むことが日常的な現実とはことなる、「もっと深い大きな現実に向かうこと」（201頁）だと力説される。「その現実とはわれわれの内面の真実、われわれが心の中に独自に描く世界である。これを発見できれば、ふつうでは得られない深い満足を経験することができる」（同頁）。

第4部では、著者は読書と人間の成長、とりわけ精神の成長とをむすびつけて語っている。「人間の精神には一つ不思議なはたらきがある。それはどこまでも成長しつづけることである。（中略）肉体にはさまざまの限界があるが、精神に限界はない」（253頁）。「だが人間にだけ与えられたこのすぐれた精神も、筋肉と同じで、使わないと萎縮してしまうおそれがある。精神の鍛錬を怠ると、〝精神萎縮〟という代償が待っている。それは精神の死滅を意味する恐ろしい病である」（254頁）。「自分の中に精神的な貯えをもたなければ、知的にも、道徳的にも、精神的にも、われわれの成長は止まってしまう。そのとき、われわれの死がはじまるのである」（同頁）。衰えるのは、精神や筋肉だけではない。口当たりのよい、やわらかいものばかり食べていると、咀嚼力が弱まるし、エレベーターやエスカレーターばかり利用していると、脚力も衰えてさっそうと歩けなくなる。

読書が精神に新鮮な刺激を与え、強靱な精神をつくるという著者の主張には説得力がある。ただし、冒頭で述べたように、精神を鍛えるのは、手軽に読み流せる本ではなく、かみくだいて、手間ひまをかけて読む本である。精神の活動をうながす積極的な読書は、たえず成長する若々しい人間を作りだす。読書の成長をうながす力にあずかるひとは幸いである。

『10代のうちに本当に読んでほしい「この一冊」』（河出書房新社編集部編、2016年）では、「ほかの誰もが薦めないとしても、絶対に若いうちに読んでおいたほうがいいと思う本を紹介してください」という編集部の依頼に答えて、作家や写真家、僧侶、研究者など30人がとっておきの本を推薦している。さまざまな分野の本や漫画本が紹介されているので、きっとお気に入りの本が見つかるだろう。「目から鱗」の本も少なくない。

映画監督で作家の森達也は、アーサー・C・クラークの『幼年期の終り』（福島正美訳、ハヤカワ文庫、

1979年）というSF小説をすすめている。「世界は一つではない。多重で多層的だ。そしてSFは、そんなことに気づかせてくれるジャンルだ」（18頁）。こう結ばれる。「読み終えたあなたが何を思うかはわからない。僕は十代の時期に読み終えたとき、この世界と人々に対して、強い希望を持った。でもそれは、決して楽観的な希望ではない。悲観的な希望だ。絶望と紙一重。だからこそ強い。だからこそ記憶に残り続ける。だからこそ今も大事な一冊だ」（20〜21頁）。

詩人で童話作家の工藤直子は、ジュール・ルナールの『博物誌』（岸田国士訳、新潮文庫、1954年）を推している。中学生のころ、友達から耳にしたという「蝶」という題の一文が載っている。

二つ折りの恋文が、花の番地を捜している。

工藤はこう続ける。「（こ、こいぶみ？　二つ折り？　……なるほど、蝶の羽は『二つ折り』。恋の手紙を届けたいところは……『花』！　きゃ、す、すてき！）

オトメな私は、すぐ好きになりました。もちろん、すぐ全文を覚えました。全文といったって、一行だもんね」（28頁）。

おしまいは、本へのしゃれた誘いだ。「さて、『博物誌』のなかに、ほかにもすきなものが沢山ありますが、とりわけ、ぷぷぷと笑ってしまうのは、『蛇』という一文です。／想像してみてください。あなたは、どんな文だと思う？　なんで、たいていの人が、ぷぷぷ、と笑ってしまうのだと思う？」（31頁）。

作家の山崎ナオコーラがすすめるのはレイモン・ラディゲの『肉体の悪魔』（新庄嘉章訳、新潮文庫、1954年）だ。この恋愛小説は、16～18歳の頃の作品である。ラディゲは、20歳で夭折した。山崎は、こう締めくくっている。「『肉体の悪魔』は、心の震えをひとつひとつ書き留めた、ガラス細工のような小説です。この繊細な小説を楽しめる一番の読者は、十代の若者だと思います。ぜひ手に取ってみてください」（74頁）。

作家・活動家の雨宮処凛は、熱のこもった文体でAKIRAの『COTTON100％』（現代書林、2004年）を推している。

「『逃げろ！　逃げろ！　逃げろ！　そして旅立て!!』『落ちろ！　落ちろ！　落ちろ！　そして目覚めろ!!』／この本に書いてあることは、そういうことだ」（94頁）。「天才と狂人を足して二で割らないアーティスト」（95頁）の少年時代の旅の記録がこの本だ。映画の場面としか思えないような破天荒なエピソードを紹介した後、雨宮はこうもらす。「地上5センチほどの『どん底』から見た世界の、なんと滅茶苦茶で不条理で馬鹿馬鹿しくも美しいことか」（96頁）。

「人生に正解などない。その上、私がこの本から教えてもらったことは『堂々と間違えろ』ということだ。人はきっと、正しく生きるためではなく、間違えるために生まれてきたのだ」（98頁）。

僧侶の小池龍之介のおすすめは、福本伸行の『賭博黙示録　カイジ』（講談社、1996年）だ。悪党が主役のギャンブル漫画である。小池はこう考える。「個人個人の価値が暴落して砂粒のような、ないしゴミのようなものになった社会だからこそ、そのいやな事実に直面して人々が絶望してしまわぬように、『あなたたちは、かけがえのない存在ですよ』と洗脳して、せっせと積極的に自分から動くように仕向けようという方向性が、背景にあるのではないでしょうか」（１０３頁）。きれいごとのイメージが刷りこまれる洗脳社会にあって、この漫画に登場する悪党たちが口にするドギツイことばには、刷りこみを解毒するパワーが秘められていると、小池は言う（１０３頁参照）。

おしまいの二文を引用する。「ある意味、悪党だからこそキレイゴトを離れて言い放つことのできる名暴言の数々に触れたとき、当時高校2年生だった筆者は、痛快さを感じていたものでした。ギャンブルの限界状況でむき出しにされる人間心理の描写とともに、嘘のない〝むき出し〟に触れられる漫画、です」（１０４頁）。

登山家で作家でもある服部文祥は、ティム・オブライエンの『本当の戦争の話をしよう』（村上春樹訳、文春文庫、１９９８年）を取りあげる。ひとりの兵士が体験したベトナム戦争報告である。「本書は私がはじめて出会った、戦争をごまかさないでそのまま提示する作品でした。『本当のことが書いてある』と全身で感じることができる作品だったのです」（１１５頁）。「登山とはなにか、登山者とはなにか、『本当のことを書きたい』と思いつづける私は、今でも本書をよく読み返しています。内容に関しても、表現に関しても、学ぶことが多く、書き手としての覚悟も教わった本書を、私の一冊としてお薦めします」（116頁）。

この本に登場するひとたちは、未来の本読みたちのためにこころのこもった文章を寄せている。話題は内外の文学、推理小説、手紙、数学、遺伝子などさまざまである。「本当のこと」が知りにくくなった社会を不安視する本や、東京の暗部を抉りだした本も紹介されている。読書を通じて、人間の多面性や世界の多層性、多重性にきっと目が開かれるだろう。

小池昌代・芳川泰久・中村邦生『小説への誘い　日本と世界の名作120』（大修館書店、2015年）は、3人の著者が入念に準備して世に送るみごとな名作ラインナップである。装丁が美しく、手触りのよい本でもある。選ばれた120冊は、いずれもずっと読まれ続ける傑作ぞろいである。青年時代に読めば、のちの人生がきっと一変することだろう。

120の名作が、「少女の時間」「少年の日々」「恋を知るとき」「情念の炎に身をこがして」「家族の肖像」「いのちの根源を見つめて」「旅に招かれて」「都市をさまよう」「性の深淵をのぞく」「老いつつある日々のなかで」「動物さまざま」「ゆたかな物語の世界」「方法の探究」「奇想のたのしみ」「短篇集を味わう」「これぞクラシック」に分類されている。ほとんどの著者の顔写真か肖像画が掲載され、簡単な人物紹介もある。本の表紙も載っている。全体は、著者のひとりによる推薦文と、他の著者による「私も一言」という短文からなっている。

付録として、「この小説も忘れがたい！　私の偏愛する十冊」がつけられている。

中身のほんの一部を紹介しよう。「少女の時間」のなかで、太宰治の『女生徒』を取りあげた小池は、おしまいでこう述べている。「太宰はいつだって、時代を超越した、華のある作家なのだ」（11頁）。「これぞクラシック」のなかでは、『源氏物語』について、中村がこう締めくくっている。「谷崎潤一郎をはじめ、数多い現代日本語訳も合わせ、この古典的テキストの多言語的複数性こそ、約一千年をこえてなお衰えぬ輝きの証明なのだ」（239頁）。

5月——1
身体を通して考える
——黒田博樹・井上康生・吉田都の場合——

黒田博樹の『決めて断つ』（KKベストセラーズ、2012年）は、日米のマウンドに立って何度も修羅場をくぐりぬけた黒田が、自分の野球人生を振り返ったものである。黒田の自己評価や他のプレーヤーに対する見方、日米の野球の違いに対する考察、家族との交流などが率直に書かれていて興味深く読める。

本書はプロローグ、挫折、起点、信念、挑戦、戦場、決断、広島と題する全7章、エピローグからなる。プロローグで、黒田は、高校時代の監督のことばを紹介している。「『補欠だったお前が、メジャーリーグで投げてるんだなあ』」（14頁）。黒田はこう書く。「プロ野球界で活躍している多くの、いわば『エリート』と言われるような人とは違うかもしれないけれど、僕には僕の道があり、様々な『決断』があったのだ」（15頁）。黒田は、挫折や試練の連続だった過去を語った理由をこう述べている。「野球だけではなく、日々の生活の中でなかなか結果が出ないと悩んでいる人にも、なにかヒントを提示できればいいなと思っている」（同頁）。

黒田は、全国から有力選手が集まる高校に入学し、彼我の力の差に愕然とする。補欠生活では、走ることが中心だった。卒業後、関東の大学に入り、環境の違うなかで野球を続けることになった。「自分にとってはつらかった経験が、時間が経ち環境が変わったことで大きな財産になっていた」（25頁）。心境の変化はこう総括される。「僕は『しんどい』ことでも、それをネガティブに捉えることはやめようと思えるようになった」（同頁）。「環境が変わるというのは大きなチャンスになりえる、それも学んだ」（同頁）。

黒田は、大学の2年の後半から3年にかけて、技術面でもメンタル面でも大きく成長する。自分よりもすぐれたライバルと競合できるようになり、未来への展望も開かれた。「『目の前の枠の中に目標を作る』という方法」（29頁）を自覚し、目の前の目標をひとつひとつ乗りこえてあたらしい世界に挑戦するという意欲が生まれた。「小さいところで満足していると、その枠の中で収まってしまう。その中での成長にとどまってしまう」（31頁）。

ヒロシマカープに入団した黒田は、27歳でようやく一人前の投手になれたと思う。プロとしては遅咲きの方であるが、カープで先発として投げられることに自信をもった。しかし、２００４年のアテネオリンピックに参加して、「『俺はこれほどまで井の中の蛙だったのか』」（59頁）と痛感する。豪華メンバーがいるなかで、黒田に回ってきたのは中継ぎでしかなかった。その悔しさが、「『よし、自分も日本を代表する投手になる』」（61頁）という覚悟にむすびついた。「広島」の枠が破られた瞬間である。

両親を天国に見送り、ひと区切りがついた黒田は、日本よりも上のレベルで投げることを念願し、ＦＡ宣言をして、アメリカのチーム移籍をめざす。ドジャースから4年契約を提示されたが、「4年間もそんな苦しいことはできない」（94頁）という理由で、3年に短縮してもらう。その依頼の背後には、まだ一球も投げていない段階での高評価に対する不安もあった（95頁参照）。

メジャーでは、中5、6日が一般的な日本とちがって、中4日のローテーションが普通である。黒田は、この厳しい条件を克服するために日本流の調整を捨て、なによりも体を整えることに専念する。

そのために黒田が選択した詳細が、「コラム――ドジャーズ時代のルーティン――」に書かれている（111～118頁参照）。

第5章の「戦場」は、驚くような文章で始まる。「どんな試合であっても、マウンドに上がるときは責任を感じる。もっと言えば、戦場に向かうような気持ちだ。いつだって、その試合で選手生命が終わってもいい、そのくらいの覚悟と決断をもってマウンドに上がっているつもりだ」（120頁）。「ドジャースでは、先発投手がはじめの一歩をグラウンドに出すまで、野手は誰もダグアウトから出ない。（中略）なかには気持ちが入りすぎて、グラウンドに飛び出したくて仕方がない感じの選手もいるのだが、彼らもじっと我慢して、僕ら先発投手が『戦場への一歩』を踏み出すのを待ってくれている」（同頁）。黒田は、先発投手へのそうしたリスペクトに対して責任を果たしたいという思いを強くもつ（121頁参照）。

マウンドがまさに命がけの戦場になる例が書かれている。2009年の試合で、打者の真芯でとらえた打球が黒田の右側頭部を直撃する。その瞬間、球場全体が静まり返り、相手チームの選手も動揺を隠せなかったという（124頁参照）。黒田は故障者リストに入ったが、3週間後に復帰を果たした。

2012年、黒田はドジャースからヤンキースに移籍する。あるとき、球団のスタッフからの伝言が伝わる。「『Hiroki がドジャースと比較して改善して欲しいところがあったら、遠慮なく話してきて欲しい』」（180頁）。組織の固定化を排し、柔軟に組み替えていこうとする球団の柔軟な姿勢に、黒田は驚く。

第7章「広島」で、黒田は、かつての不人気、夏場の蒸し風呂に近い球場といったカープの厳しい環境のなかで育てられてきた過去を顧みて言う。「僕のような人間が偉そうなことは言えないけれど、もし、いま自分の環境に嘆いている人がいるとしたら、その環境でどう生き抜くか、を考えてみて欲しい。決して環境に愚痴を言っても始まらない。それができるかどうかは、大きな分岐点だと思うし、僕を見て少しでもそれを感じてくれたらうれしい」（193頁）。うまくいかない理由を考えて、うまくいかないのを、周りのひとや環境のせいにしてすますのはやさしい。うまくいかないが、愚痴をこぼすだけで終わりにはしないでおこうというメッセージだ。

エピローグで、2012年のヤンキースの春のトレーニングを終えた段階で、想像以上の衝撃を受け、こうつぶやいている。「それは環境や待遇などといったことでは決してなく、チームの空気感というのだろうか、いままで感じたことのない表現しようのない感覚だった。／この感覚はなんなのだろうか――」（200頁）。この不可思議な感覚こそが、「井の中の蛙」から広い外の世界へと勇躍した黒田の得た最大の収穫かもしれない。なぜなら、その未知の感覚は、黒田にさらにもうひとつ別の世界への挑戦をうながしているからである。黒田の挑戦に限界はない。

「『黒田博樹という人間を、もうひとりの黒田博樹という人間が常に見てる』」（215頁）、これは、黒田のマネージャーを務めた小坂勝仁の黒田評である。ひとはさまざまな場面で、決断を迫られる。自分に問いかけて、方向を選択しなければならない。小坂は、黒田が自分の問いかけを見つめるもうひとりの自分をもっており、それが両親の教育によって培われたものだろうと推測している（215～

しい。

『決めて断つ』は、野球に興味のないひとにも訴える力をもつ本である。ぜひ手に取って読んでほしい。

（216頁参照）。

井上康生の『改革』（ポプラ社、2016年）は、ロンドン五輪で惨敗した日本柔道を、リオデジャネイロ五輪で復活させるまでの、井上の困難に満ちた4年間の戦いの記録である。黒田は野球を通して自分との戦いを生きたが、井上は、組織の改革と個々の選手の最大限の活躍を可能にするための戦いに全力をそそいだ。

本書は、序章の「リオ前夜」と、終章の「リオ五輪」の間に、意識改革、メンタル、フィジカル・コンディショニング、技術・戦略、組織、リーダー、情報と代表選考と題する全7章が置かれている。組織論、リーダー論、教育論、身体論、スポーツ実践論、自己管理論などとして読める豊かな内容を含んでいる。

井上は、第1章の「意識改革」のなかで、個々の選手に対して、自分で考え、自己管理できる自立した姿勢と、変化してやまない世界の柔道の現実を知り、自分のあり方を考えて生きることを求めている（48頁参照）。第2章の「メンタル」では、試合で実力を発揮するためには、ライバルの強さを認め、自分の足りないところを素直に受け入れ、弱点を埋め、相手に勝てるような準備をする緻密さが必要だと強調されている（65頁参照）。自他の現実を反省し、修正作業を継続することは、スポーツの世界に生きる者だけでなく、学生や社会人にも重要なことに違いない。

井上は、大学の3年ごろから、将来の柔道界を背負う人間に成長するための教育を受けた。組織を動かすための原理、公的な場所でのことば遣いやふるまい方、新聞と本を読むこと、歴史に学ぶことなどを教えこまれた。もしも自分がある状況に置かれたらどうするかを常に考え、さまざまな問題が生じたときには、なぜそうなったのかを徹底的につきつめてみるという習慣をもつということがなによりも大切だとも教えられた（41〜42頁参照）。

井上の視野を広げたのが英国留学である。海外の選手の効率的な練習の仕方に出会い、彼我の柔道の差異が見えてきたのである。日本の内にとどまり、外に出なければ、「井の中の蛙」になりかねない。井上は、外国の柔道なんて本当の柔道ではない、海外の柔道を研究しても仕方ない、日本柔道こそがすべてだといった内向きの姿勢を批判している（116頁参照）。

第5章の「組織」のなかで、本書の根本的なメッセージが述べられている。「何ごとも進化するためには変化が必要であり、変化するには新たな挑戦が必要です。失敗を恐れていては何もできません。人間の成長というものは、失敗と共にあるものだと思います」（215頁）。「失敗を恐れず挑戦し続ける試みなしに、人間的な成長はない」ということだ。ロンドン五輪で手痛い敗北を喫し、涙を流し、その屈辱をバネにしてよみがえった井上ならではの発想である。万事順調ということはない。何事においても、失敗や挫折は避けられない。問題は、失敗とどうつき合うかである。井上は言う。「自分がどういう柔道家になりたいのか、どういう人生を歩みたいのかをしっかり考えておけば、ある程度の失敗であれば、それほど問題は大きくならないはずです。失敗したらそこから学べばいいだけです」（290頁）。とはいえ、失敗の原因や背景を探り出すことはむずかしく、失敗しても、すぐ蓋をしてますことも少なくない。失敗から学ばないと、同じ失敗を何度でも繰り返すことになるのだ。

もうひとつの重要なメッセージは、「敵の身体を知り己の身体を知れば百戦あやうからず」（268頁）である。相手をじっくり観察し、その特徴（長所や弱点）を把握し、同時に自分の強みがどこにあり、どういう点がもろいのかを知って、戦う準備を怠らないようにしようということだ。しかし、この試みは、自分ひとりでは成就しない。コーチの助言や指摘が不可欠である。選手自身の自立と、選手とコーチの協力が勝利への道に通じている。

『改革』にも、『決めて断つ』と同様に、柔道の選手のみならず、学生や社会人にとっても参考になる助言が数多く書かれている。それらをヒントにして、どうふるまうべきかをよく考えてほしい。

吉田都の『バレリーナ　踊り続ける理由』（河出書房新社、2016年）は、17歳のときのローザンヌ国際バレエコンクールでのローザンヌ賞受賞を契機にして、30年近く英国を拠点に活躍した吉田の自伝である。吉田の経験したプロの踊り手としての苦難は想像を絶するものがあるが、本書での筆の運びは軽快そのものだ。平易な日本語の文章であり、読む苦労もいらない。しかし、注意して読み返すと、平凡なことばで貴重なことが書かれていることに気づく。

本書は、「好き、は人生の導き手」、「『自分の居場所』を見つけるために」、「ライバルは、自分」、

「補い合い、引き出しあう関係」、「変化する自分と向き合いながら」、「エレガントに生きる」、「心にも栄養を」の全7章からなる。

吉田のモットーは、「毎日コツコツと続けること」、「継続は力なり」、「千日の稽古を鍛とし、万日の稽古を錬とす」である（直筆のあとがき参照）。日々の地道な努力を可能にしたのは、「バレエが好きという情熱」（4頁）であった。回転やバランス、ジャンプを組み合わせたステップの練習は、週一度の休日以外は、毎日繰り返される（21頁参照）。つらく、苦しい稽古を続けるなかで発見があり、それが自分の進化、成長につながり、喜びの感情が生まれてくるから、しんどくても稽古の継続が可能になるという（22頁参照）。

英国ロイヤル・バレエスクールでの留学生活のなかで、吉田は、自己主張を恐れず、先生とも対等に意見を戦わせる生徒たちの態度に刺激を受ける。卒業後、サドラーズウェルズ・ロイヤルバレエ団でプロのダンサーとして出発した吉田は、踊りでなにを表現するのか、自分が踊ることの価値とはなにか、プロとしての責任とはなにをすることかといった問題を考え始める。「誰かに頼るのではなく、自分を見つめ、自分と対話し、自分なりの方法を探すことができたような気がします」（52頁）。

吉田はバレエの奥深さを、身体の両義性につなげて語っている。「バレエは身体で表現する芸術なのだから見た目がきれいならばそれでよい、と思われるかもしれません。しかし、その身体を動かすものは心、センス、感覚です。どんなに美しい衣裳を着てスポットライトの中に立ったとしても、踊り手の普段の生活や内面まで、すべてがさらけ出されてしまうような怖さが舞台にはあります」（59頁）。

観客に見える踊り手の身体の運動に、外部からは見えない踊り手の人間性が反映される。踊りを美しくみせるためには、こころも美しく磨くことが大切だということだ。

吉田は、29歳のときに、英国ロイヤル・バレエ団へプリンシパル（トップの階級に属するダンサー）として移籍し、44歳まで在籍した。吉田は、自分の欠点を気にするコンプレックスが成長のバネになると言う。「人間は〝自分はできている〟と思うと、そこで成長が止まってしまう生き物なのでしょう。けれども、まだまだだ、と思うと自分の欠点を見つけ出しそれをなんとか改善しようと努力します」（75頁）。

このバレエ団で、吉田は、「いつもエレガントに振る舞うことを心がけて」と言われ続ける（133頁参照）。吉田は、こう考える。「エレガンスとは、どんなに大変なことでも努力している気配は一切見せず、軽々とやって見せるスマートさである」（135頁）。美しい、凛とした立ち姿こそがエレガンスの基本とも考えている（138頁参照）。吉田はまた視点を拡張して、自分のためではなく、他者や社会のために尽力する生き方こそがエレガントだとも考えている（149頁参照）。

5月―2
ことばで織りあげる日常
――壇密・小橋めぐみ・夏生さえり――

壇密の『どうしよう』（マガジンハウス、2016年）は、日常生活や心境をつづったエッセイである。タイトルが面白い。編集者との最初の打ち合わせのなかで出てきたということばが、そのまま用いられている。「あとがき」は、こう始まる。「『日常って、困ったことだらけですよね。それでもみんな何とか毎日過ごしてるんですよね。それって、不思議議……』」（213頁）。終わりの方でこう述べられる。「生きていること、朝が来て夜が来ること、困っても何とか過ごせていること……これらも当たり前のことだと思っていたが、どうも違うようだ。『意識しないことが』当たり前なだけだったのだ。その証拠に、当たり前の日常の中に潜む『どうしよう、困った』を私なりに掘り下げると本になるくらいの『何か』がわき出てきているではないか」（214頁）。壇密という女性には、この世にいて、この世にいないような独特な雰囲気がある。あるいは、異界からこの世での自分や他人のふるまいをじっと覗きこんでいるような気配がたちこめていて、その視線がこのエッセイを支えている。「どうしよう」というつぶやきは、忙しく、あわただしく過ぎる日常から距離をとって、当たり前のように過ぎていた出来事に目を向けて意識するときに生まれるとまどいの表現だ。生活のなかに巻きこまれて忙しく暮らしていると、生きていることも、日の移ろいも自明のことにしか思えないが、あらためて注意してみると、そこにはただならぬことがおきているように見えてくる。その奇蹟のような日常の不可思議さが気になりだすと、どうしたらいいのか分からず、思わず「どうしよう」とためらってしまうのだ。壇密は、自分の意識の仕方にも、他人との関わりのなかにも、しばしば違和感を覚えて、「どうしよう、困った」というこころの風景を描いている。その種のとまどいを意識するひとでなければ書けないのが『どうしよう』である。

本書は、「松風」「竹河」「紅梅」の3部構成で、全部で50のエッセイがおさめられている。「松風」のなかの「いつもの壇密」から、「どうしよう、困った」という彼女の心理が透けて見える箇所を引用してみよう。「世間もTVも、最初にタレントが持っていたイメージを少しでも変えようとすると、大変怒る。分かりにくくなるからだろう。『それで売れたくせに手のひらを返さないで』と言われた。（中略）加齢に伴い、時代と立場に合った思想を持つことが自分に許されないと知った時は驚いた。娯楽を提供することが本分であるのに、どう転んでも怒りの感情を持たれるこの仕事は凄いな、と」（39頁）。このエッセイの終わりはこんな調子だ。「私の長所は『コツコツ続けられる』こと。加えて性根は大変悪い。押し付けられると心の中で唾を吐くようなコツコツ型の年増女は、『いつものやつお願いします』を否定も肯定もせず知らんぷりすることを、今日も『コツコツ』続けている」（40頁）。困った状況に対する壇密流の戦略がちらりと見える文章である。

「竹河」のなかの「空気の読めない女」では、困った日常をくぐりぬけて到達した壇密の覚悟のせりふが発せられている。「『特別ぶるな』と言われるかもしれないが、この世界に住む多くの人は、裸の写真を雑誌に掲載しないいし、会ったこともない人にはげしく嫌われたり好かれたりもしないだろう。少なくとも私にとって『特別』とは、『特別に選ばれたから優遇される者』ではない。『特別に選ばれたから、普段は世間の邪魔にならないよう生きる者』なのだ」（81頁）。このことは、彼女の謙虚さと同時に自己防衛能力の高さを示している。壇密が自分の仕事や日常を意識する視線には、他人の好奇心にさらされて生きながらも、それに抵抗し、それを跳ね返すだけの力が感じられる。公私の区別を明確にすること、一見あたりまえのようで、これほどむずかしいこともないが、壇密は、この点につねに自覚的である。

「紅梅」のなかの「決めつけられて」には、自分や他人を短絡的に決めつけてしまいやすいひとたちの傾向に困惑したあとの、壇密流の「切り返し」の方策が皮肉たっぷりに述べられている。「決めつけられて心がカサついたときは、『～だったから、私は～だとばかり思っていた。でもそういう傾向も、あるかも』と軽めの決めつけで返してみると、言ってきた方との関係にヒビが入りにくいのではないかと。『あるかも』の緩和力は想像以上、カサつきに効く。ああ、これもまた『決めつけ』だ」（196頁）。

芸能界で「どうしよう」の連続に翻弄されながらも、知略をこらして生きぬいていく壇密流の処世術は、芸能界と直接の縁のないひとにも参考になる。そこには、巧みさやしたたかさをこえて、ある種の内省的な浄化へといたった気配さえ感じられる。

小橋めぐみの『恋読　本に恋した2年9ヶ月』（角川書店、2015年）は、本が好きな女優の読書日記である。本好きになった理由は、「まえがき」に詳しい。「4歳になった頃だったと思います。『あめふり』という絵本を毎晩母に読んでもらっていました。／お話をソラで覚えてしまってからでも、飽きることなく、毎日毎日同じ絵本を母のところに持って行っては、『読んで』と、せがんでいました。母は読むスピードや声色を変えたりしながら、読み続けてくれました」（2頁）。小橋は、成人して、自分の側につねに本を置くようになった。「読む時間がないと分かっていても、カバンにしのばせてしまうし、読む本を忘れて出かけると、まるでお守りを持つのを忘れたような気がして、落ち着かない」（同頁）。普通の若者にとってスマホがそうであるように、小橋にとっては本が一種のフェティッシュ（呪物）である。小橋は、本を読む幸福をこう表現している。「足りない経験を埋めてくれたり、全然埋めてくれなかったり。本を読んだからって偉くはならないけれど。何かいいことがあるって信じているし、実際、本が好きだからこそ出会えた素敵な人たちや、本を読んでいたから救われたことも、たくさんありました」（3頁）。

本書は、「2012年　本の神様はきっといる。」「2013年　東京⇔京都」「恋読の日常風景」、「特別インタビュー　『読書熱の原点』聞き手・豊﨑由美」「2014年　食べて、祈って、読んで、読んで。」「2015年　明日、続きを読もう。」からなっている。巻末に、2012年6月から2015年3月までの読書リストが載っており、90冊以上の本が紹介されている。

小橋は、ハワイでジョージ・ソーンダーズのSF小説『短くて恐ろしいフィルの時代』を読み、『この国は大きいのだから、私たちだって大きな心を持つべきです』という一文に出会う。それに続いて、本によってつくられる経験の一面がこう語られている。「ふと、目線を上げると、ハワイの太陽と澄み切った空。生命力溢れるヤシの木が風に揺れていた。自然はこんなにも美しいのだから、私の心も美しくあるべきだ、と唐突に思う。小説の一文が、現実に飛び出し、周りをぐるっとして、自分に還ってくる」（19頁）。

小橋は、小田雅久仁の『本にだって雄と雌があります』を「本好きの人を祝福するかのような小説」（58頁）と評して、こう述べる。「読み終えて、そのまま抱きしめて眠る。羽が生えて、飛んでいきそうで。／本にだって、命がある。／祈りが込められている。／そう、『本を読む』という行為は、命を頂くことなのかもしれない」（58頁）。本を肉感的ともいえる独特な感性で受けとめている。ひとは水や食べ物を摂取して生きるだけでなく、活字を血とも肉ともして生きていく存在であると思い知らされる。「ひとはパンのみにて生きるにあらず。神の口より出ずるひとつひとつのことばによって生きる」というマタイ福音書の一節を思い出してもよいだろう。信仰をもたない者にとっても、正しく発せられたことば、正しく書かれた文字はこころの栄養となり、目には見えないこころの筋肉を鍛えるのだ。

スマホの便利さに慣れてしまうと、思考が空っぽになってしまうのではないかと不安を覚える小橋は、保坂和志の『考える練習』を読んで刺激を受け、キーセンテンスを引用している。「『人生は便利と効率と速さよかっていう。人生っていうのは成長と深みだろう』」（89頁）。「『あんまり気づかないけど、文学を読むってやっぱり大変なことなんだよ。大変だからみんな簡単なものしか読まないわけで』」（90頁）。ひとの生涯は、量と質で決まる。量を決めるのは自然であり、質を良くしたり、悪くしたりするのは思考と意志である。便利なものばかり追い求め、手間隙のかかることを避けていると、人生がゆっくりと熟して成長につながる時間は生きられない。軽いものしか読まず、記憶に残る経験がとぼしいと、こころの質は悪化する一方なのだ。

ポール・オースターの『ムーン・パレス』を読み終えて、小橋は一文を書き写す。「『答えはすでに僕の歩みのなかで形成されていた。僕はただ歩きつづければよいのだ』」（２０３頁）。小橋は、この文を自分流につぎのように書きなおしてみる。「歩きながら過去を捨て、歩きながら新しい自分が形成される。／立ち止まって本を読み、そしてまた歩こう。世界の果てまで、歩き続けよう。／世界の果てに辿り着いたら、どさっと座って、一番大切な本を、読むのだ」（２０４頁）。

ここにいたって本は、われわれを劇的に変えてくれる恋愛対象から、生涯を通じて支えてくれる穏やかなパートナーへと変貌する。小橋の感性を共有することで、われわれも幸福な読者になる鍵を手にすることができるだろう。

夏生さえり『今日は、自分を甘やかす　いつもの毎日をちょっと愛せるようになる48のコツ』（ディスカヴァー・トゥエンティワン、２０１７年）は、毎日がんばりすぎて疲れているひと、職場の人間関係に消耗したり、日常的にストレスにさらされて生きづらさを感じているひとに向けられたメッセージを集めたものである。いずれのメッセージも、すっと読み手のこころに届くような、優しいことばでつづられている。自分とのつきあいかたのヒントが得られる。

本書は、「はじめに　十分がんばっているあなたへ」「Chapter 1 どうにもダメな日は、だれにだってやってくる」「Chapter 2　自分をゆるめる　思い込みからときはなつ」「Chapter 3 たのしいことからはじめていいんだ　ほがらかに生きていいんだ」「Chapter 4　自分にやさしく、人にやさしく」

「Chapter 5　愛すべき日常における小さなしあわせの見つけ方」からなっている。

プロローグにこの本の中心的なメッセージが書かれている。精神を病み、自分を奮い立たせすぎて落ちこみ、バランスを失って苦しんだ過去を踏まえての一文だ。「緊張して、毎日『もっとがんばらないと』と気張っていたときよりも『ゆるい気持ち』で自分らしく暮らしているときのほうが、自分自身もしあわせだし、そしてそのしあわせでいられる『余裕』が、人にもしあわせを届けているのでは……？」（7頁）。理想のキーワードは、「ゆるく生きる」である。現実には、ゆるく生きることはむずかしい。過剰なまでのノルマをこなし、スケジュールに合わせなければならない多忙な生活のなかでは、「先へと急ぐこと」が求められる。夏生は、ツイッターで自分のもとに届く声から、頑張りすぎ、緊張しすぎて体をこわすひとの多さにこころを痛め、こうエールを贈っている。「**がんばりすぎなみんなへ。そんなに気張るな。ゆっくり休んでほがらかに生きよう。きっとそれがしあわせを連れてきてくれる**」（9頁）。

ゆるく生きることができるためには、自分の日常や、自分の姿を見つめることが大切だ。しかし、自分ほど分かりにくいものはない。夏生はこう述べている。「昔から『自分の思い』というのはとても曖昧な存在だと思っている。／『自分の中にあるものだから、自分はよくわかっている』と思ってしまいがちだけれど、友人と話しているうちに自分の悩みがはっきりとわかり、考えが整理されることがよくあるように、自分の思いでさえ、自分一人ではよくわからないものではないか？」（36頁）。そこで、夏生は自分の思いを紙に書いてみることをすすめる。白紙の紙に書いた文字は、自分のよく分からないこころの動きを映す。こころは絶えず動いているが、書かれた文字は動かず、何度でも読み直すことができる。それを通じて、自分が何を思っていたのかが見えてくる。書くことは、自分を知ることにつながるし、こころの整理にもなる。「**元気がないとき、つらいとき、モヤモヤするときは、その気持ちを思いっきり紙に書き出す。これだけで心が整理される**」（39頁）。

第２章の「時間はまるで飴細工」には、面白い時間のとらえ方が見られる。時計の時間と違って、こころの時間は気持ち次第で、間延びしたり、瞬時に過ぎたりする。「もし『時間』を速く感じたり遅く感じたりすることがあるなら、自分で時間を速く感じさせたり遅く感じさせたりすることもできるんじゃないかと思う」（46頁）。夏生は、時間を「やさしい」時間や「つらい」時間にすることもできるのではないかとも考えている（46頁参照）。時計を見て「時間がない、時間がない」と口にするときのように、時間はわれわれの外部にある客観的な指標ではなく、自分が生きている出来事そのもののうちに存在すると見なされている。時計の時間はだれにとっても共通だが、出来事としての時間にはそれぞれのひとの固有な資質がかかわっている。夏生の用いる形容詞を借りれば、ひとは自分に固有な時間を「やわらかい」ものにすることも、「かたい」ものにすることもできる（46〜47頁参照）。「自分の心の持ちようで時間はやわらかくなり形を変えるということをわかっているだけで、毎日の生活は変わるんじゃないか、と思うのだ」（48頁）。自分の生活上の工夫と、自分の時間を自分でつくるという態度とがむすびつけられていて興味深い。

本書には、日々の生活のなかでつまづいたり、落ちこんで立ちあがれないといったひと達へのあたたかいメッセージがつまっている。こころの乾いたひとにとっては、オアシスのような本でもある。自分ともうひとりの自分との関係、他人との関係、生きることの時間などについて考える参考にしてほしい。

6月—1

生きることの意味

—自閉症と発達障害を生きる—

東田直樹『自閉症の僕が跳びはねる理由　会話のできない中学生がつづる内なる心』（エスコアール、2007年）は、幼少期に「自閉症傾向」と診断されて育った少年が中学生のときに書いた本である。20カ国以上で翻訳出版されている。

「はじめに」で、東田は、こう述べている。「どうして、自分が障害者だと気づいたのでしょう。／それは、僕たちは普通と違う所があってそれが困る、とみんなが言ったからです。／しかし、普通の人になることは、僕にはとても難しいことでした」（2頁）。「普通とはいったいどういう状態をさすのか」と立ち止まって考えず、普通のひとと違うように見えるひとを特別視するひとが多い社会では、普通にふるまえないひとは生きづらい。東田は、自分の生きづらさをこう表現している。「僕は、今でも、人と会話ができません。声を出して本を読んだり、歌ったりはできるのですが、人と話をしようとすると言葉が消えてしまうのです。必死の思いで、1～2単語は口に出せることもありますが、その言葉さえも、自分の思いとは逆の意味の場合も多いのです」（2頁）。ひとと会話することに慣れてしまうと、ひとと話そうとするやいなやことばが消えて話せなくなるひとの苦しみには思いがおよばない。自分とは次元の違う経験を生きているひとの世界に想像力を届かせることはむずかしい。

東田は、こう考えている。「自閉症を個性と思ってもらえたら、僕たちは、今よりずっと気持ちが楽になるでしょう。／みんなに迷惑をかけることもあるけれど、僕らも未来に向かって楽しく生きていきたいのです」（3頁）。生物は、ひとであれ、植物であれ、生きている自分の姿かたちを自分で創り出していわけではない。いのちあるものたちは、みないのちを授かって生きている。四肢が欠損した状態で生まれてくるひともいれば、幼くして視力や聴力を失うひともいる。東田は、5歳で自閉症と診断された。それらの状態は、本人が選んだものではなく、授けられたものである。病気も健康も、授けられたものという意味では変わりなく、ともに個性的な状態なのである。とはいえ、いわゆる健常者が多数を占める社会では、ハンディキャップに苦しむひとは、健常者とおなじひととは見なされなくなり、特別扱いされるようになる。自閉症の少年は、自閉症というそのひとに固有の個性を生きている普通のひととは見なされず、理解しあうことがむずかしい厄介な存在とされてしまう。

本書は、ことば、対人関係、感覚の違い、興味・関心、活動を主題にした全5章からなっている。訓練によって筆談というコミュニケーションの方法を獲得した東田が、自分のこころにおきていることを説明している。「僕が自分の意志で筆談できるようになるまで、長い時間が必要でした。鉛筆を持った僕の手を、お母さんが上から握って一緒に書き始めた日から、僕は新しいコミュニケーション方法を手に入れたのです」（12〜13頁）。母親が考えた文字盤は、話そうとすると消えてしまう東田のことばをつなぎとめるきっかけになった（同頁参照）。「僕は筆談という方法から始めて、現在は、文字盤やパソコンによるコミュニケーション方法を使って、自分の思いを人に伝えられるようになりました」（31頁）。

「いつも同じことを尋ねるのはなぜですか?」という質問に、東田は「聞いたことをすぐに忘れてしまうからです」（16頁）と答えている。また、「すぐに返事しないのはなぜですか?」という問いには、

「相手が話をしてくれて、自分が答えようとする時に、自分の言いたいことが頭の中から消えてしまうのです」（26頁）と答えている。「よくは分かりませんが、みんなの記憶は、たぶん線のように続いています。けれども、僕の記憶は点の集まりで、僕はいつもその点を拾い集めながら記憶をたどっているのです」（16頁）。記憶については、このようにも述べている。「僕たちの記憶は、一列に並んだ数字を拾っているわけではありません。ジグソーパズルのような記憶なのです。ひとつでも合わなければ全体がかみ合わず完成しないように、他のピースが入ってきたことで、今の記憶がバラバラに壊れてしまいます。体が痛いのではないのに、記憶のせいで僕たちは泣き叫ぶのです」（76〜77頁）。自分が記憶によって経験を制御するのではなく、記憶の方が動いて自分を思わぬ方向に導くという不安な現象が記述されている。「僕たちは怖いのです。自分がこの先どうなるのか、何をしでかすのか、心配で心配でしょうがないのです。自分で自分をコントロールできる人には、この感覚は分からないでしょう」（84頁）。「自分の気持ちとは関係なく、いつも脳はいろんなことを僕に要求します。／僕がそれに従わないのならば、まるで地獄に突き落とされそうな恐怖と戦わなければならないのです。／生きること自体が、僕たちにとっては戦いなのです」（124〜125頁）。

第2章「対人関係について」のなかで、東田は、ひととつき合うとまどいを何度も語っている。「ずっと困っているのは、みんなが笑っている時に僕が笑えないことです」（42頁）。「とてもびっくりしたり、緊張したり、恥ずかしかったりした時も、僕たちは固まるだけで感情を表に出すことができません」（同頁）。「夜、布団の中で笑い出したり、誰もいない部屋の中で笑い転げたり、僕たちの表情は、周りを気にせず何も考えなくていい時に、自然と出てくるものなのです」(43頁)。

「どうして言われてもすぐにやらないのですか?」という問いに対して、東田は、気持ちの折り合いがつかないからという理由を述べている。気持ちと体がうまくつながらず、体をもてあますという状態である。「自分がやりたくても、やれない時もあります。体がいうことをきいてくれない時です。体がどこか悪いのではありません。なのに、まるで魂以外は別の人間の体のように、自分の思い通りにはならないのです。それは、みんなには想像できないほどの苦しみです」(56~57頁)。

「何が一番辛いですか?」と問われて、東田は、率直に自分の気持ちを打ち明けている。「側にいてくれる人は、どうか僕たちのことで悩まないで下さい。自分の存在そのものを否定されているようで、生きる気力が無くなってしまうからです」(60~61頁)。「自分のありのままを、そのまま認めてほしい」という切実な願いである。

「自閉症の人は普通の人になりたいですか?」という質問に対する東田の答えは、こころに響く。東田は、過去を振り返って、障害者として生きるのが辛く悲しくて、自分も普通の人になりたいと願っていたと言う(62頁参照)。「でも、今ならもし自閉症が治る薬が開発されたとしても、僕はこのままの自分を選ぶかも知れません」(同頁)。その変化がこう説明される。「ひと言でいうなら、障害のある無しにかかわらず人は努力しなければいけないし、努力の結果幸せになれることが分かったからです。／僕たちは自閉症でいることが普通なので、普通がどんなものか本当は分かっていません。／自分を好きになれるのなら、普通でも自閉症でもどちらでもいいのです」(62~63頁)。ひとが外見やふるまい方の違いで普通と普通でないを区別することは不幸でしかない。ありのままの自分を好きになれるのが一番の幸せだという、自分とのつき合い方を尺度にした幸福観が語られている。

第5章のおしまいの「自閉症についてどう思いますか?」という質問にこう答えている。「これは僕の勝手な作り話ですが、人類は多くの命を殺し、地球を自分勝手に破壊してきました。人類自身がそのことに危機を感じ、自閉症の人たちをつくり出したのではないでしょうか。/僕たちは、人が持っている外見上のものは全て持っているのにも関わらず、みんなとは何もかも違います。まるで、太古の昔からタイムスリップしてきたような人間なのです」(140頁)。

東田直樹『続・自閉症の僕が跳びはねる理由　会話のできない高校生がたどる心の軌跡』(エスコアール、2010年)は、高校生になった東田が、あらためて自閉症のひとや、その本当の姿を分かってほしいという願いをもって書いた本だ。「はじめに」でこう述べられる。「僕は、自閉症の世界が特別だと思ってはいません。僕たちもこの地球で人として生まれ、みんなと同じ場所で生きています。ただ、みんなとは様々なことが少しずつ違うだけなのです。それは、国が違えば、文化や習慣が違うことと似ているかも知れません」(2頁)。自閉症であろうとなかろうと、ひとはそれぞれが少しずつ違う個性をもって、違う自分を生きているのだから、特定の症状だけでひとを特別の目で見るのはやめようというメッセージだ。

第4章「行動」のなかの、「跳びはねるのはなぜですか?」という質問に、東田はこう答えている。

「僕が跳びはねたくなるほど感情の起伏に耐えられないのは、体のコントロールがきかない上に、感情のコントロールがきかなくなると、自分をどう保っていけばいいのかわからなくなるからです。（中略）僕にとって混乱した感情というのは、得体の知れないモンスターなのです。／跳びはねることの理由には、手足の位置がわかることによって、自分の存在が実感できること、空に向かって気持ちが開くことなどもあります。空に向かって気持ちを開きたくなるのは、人では僕の気持ちを受け止めきれないと思っているからです」（72頁）。

第5章「興味・関心」では、「植物のどんなところに関心を持ちますか？」と問われて、東田は自分と植物の存在の親近性を語っている。「理由はわかりませんが、僕も光を見れば心が躍ります。そして、砂を触れば心が落ち着き、水を浴びれば生きていることを実感します。僕と同じように、光や砂や水に愛着を感じる自閉症の人たちには、人としての遺伝子以外にも、植物のような要素を持つ遺伝子が組み込まれているのではないかと考えると、とてもおもしろいと思います。実際はありえない話かもしれません。でも、そんなことを考えるとき、僕は今よりもっと自分のことが好きになれるのです。なぜなら、美しくて一生懸命に生きている植物が大好きだからです」（77～78頁）。

第8章「今、そしてこれから」で、東田は人間愛を語る。「人間愛とは、人間が人間であることを誇りに思うことではないのでしょうか。自分を相手に置き換えて物事を考えることができたり、かわいそうな人を見るとほうっておけない気持ちになったりするのも心があるからです。心にある良心は、それがなければ人間が存続できないものだと感じます」（142頁）。

「おわりに――思いを書くこと――」で、東田は人間の誇りについてもう一度強調している。「僕は、自閉症であることを誇りに思えるような人生を歩みたいのです。／自閉症の子が生まれたからといって、悲しんだり同情したりされたくないのです。人の人生の幸、不幸は、その人が決めるべきものです。みんなと同じことができないことが、不幸なのではありません。人間として、自分らしい生き方ができないことが、悲しいのです」（146～147頁）。

東田の2冊の本は、生まれること、自閉症を生きる孤独や悲しみ、ひととともに生きることの喜びや苦痛、ひとと自然について、愛についての思考にわれわれをいざなう。見えていても、よく見ていないことは少なくない。見えないものをよく考えてみる機会も少ない。自閉症のひとのこころの世界は、生きる意味を問う思索につながっている。

栗原類『発達障害の僕が輝ける場所をみつけられた理由』（KADOKAWA、2016年）は、8歳のときに、ニューヨーク市の教育委員会でADD（注意欠陥障害）と認定された栗原が、コミュニケーション障害を乗りこえて、モデルやタレント、役者として活躍するようになるまでの自伝的な報告書である。

栗原は、小・中学校時代には留年し、登校拒否にもなり、高校受験にも失敗している。しかし、早期の診断、母親の教育、主治医の治療もあって、紆余曲折を経ながらも、その後成長し続けている。「はじめに」で、栗原は述べている。「発達障害は、脳のクセです。人によって障害内容は異なりますが、早期に気が付き、環境を整え、正しく対処をすれば、ある程度の訓練で変わることができます」(3頁)。本を書いた理由はこう書かれている。「僕は現在21歳。まだ夢の途中であり、日々障害に向き合う毎日ですが、『なぜ僕が輝ける場所をみつけることができたのか』を振り返り、語ることで、僕のように障害があったり、子どものいる方々に、少しでも役に立てたり、支えになることができたら幸いです」(同頁)。

本書は、以下の4部構成である。1「僕はADD(注意欠陥障害)」、2「僕が輝ける場所をみつけられるまで」、3「僕が輝く場所をみつけられた理由」、4「彼はなぜ輝く場所をみつけられたのか」。4は、母親・泉の回想、主治医・高橋猛へのインタビュー記事、栗原と、その友人で作家・又吉直樹への共同インタビュー記事からなっている。

1では、栗原が率直に自分を語っている。音の知覚と触覚が過敏すぎる、注意力散漫で忘れものをしやすい、ふたつの動作を同時にできない、記憶力が弱い、感情表現が苦手で、無表情に見られやすい、人のこころの動きを読み取るのが苦手といった特徴が記述されている。

2は自伝である。栗原は日本人の母とイギリス人の父との間に生まれた。母は帰国して出産したため、父親不在の家庭で育った。1歳で日本の保育園に通い、ベビーモデルの仕事を始めた。5歳で渡米し、ニューヨークの保育園を経て、小学校に入学する。5年生のときに帰国し、教室ではいじめにあう。その後の中・高校生時代のいじめ、勉強、失恋、ネットとゲームにはまる生活が語られる一方で、芸能活動についての言及も増える。子供の頃からモデルをしていた栗原は、テレビ番組のオーデイションに合格し（17歳）、タレントになり、パリコレクションにも登場している（19歳）。

　3では、栗原が輝く場所を見つけられた理由を自己解説している。「ＡＤＨＤ／ＡＤＤは脳にクセがあり、その独特のクセが日常の困難を引き起こしています。まずは自分の弱点を知ることが克服への第一歩となります。自分にとって何が苦痛なのか、何が苦手だと感じるのか、そして、家族や周囲の人は自分が引き起こす何で頭を抱えているのか、困っているのか、それを見極めることが重要です」（１１２頁）。弱点に気づき、それを克服しようと何度でも繰り返していれば、できなかったことができるようになると栗原は確信している。しかし、仮にできなくても、ムリせず、対処法を捜せばよいとも考えている（１１４頁参照）。「周りの人に自分のクセを伝え協力を依頼」（１１６頁）し、「身近な人に自分の行動をモニタリングしてもらう」（１２０頁）ことや、「できないことも、恥ずかしがらず伝える」（１２１頁）ことも大切だという。自分の障害のなかにひきこもらず、それをバネにして積極的に踏み出していこうという姿勢だ。栗原は、ある事務所との契約の際に、1年近く何度もミーティングをかさねて、自分の発達障害の詳細を伝え、了承を得ている（１１８頁参照）。

　4では、栗原の母親が回想する「一生忘れることの出来ない大切な言葉」（１５９頁）がもっともこころに残る。少し長いが引用してみよう。「あなたは小さいころ勉強もできて要領もよい、頭の回転も速くて、何でも他人より早くできる子、いわゆるできのいい子だといわれて育ってきたタイプでしょう。だけど発達障害というのは、ひとりひとりの特性が違います。あなたの息子さんはあなたと同じタイプではないのはわかりますね？　あなたは自分が子どもの頃、何の苦労もなくできたことが、どうして息子さんにはできないんだろうと理解できないかもしれない。不思議でしょうがないでしょうね。だけどそう思った時は、子どもの頃に自分ができなかったことをたくさん思い浮かべてください。そして、自分ができなかったことで息子さんができていることを、ひとつでも多くみつけてあげてください。そうすれば『なんでこんなこともできないの？』という気持ちがしずまり、子どもを褒めてあげられるようになります」（158〜159頁）。

栗原が、のちに主治医となる医師・高橋の診察を受けたのは、小学2年のときである。高橋は、息子のいじめへの学校側の不対応に業を煮やし転校を相談してきた母親に、「『転校するのは、まだ早い』」（204頁）と転校を制止した。厳しい社会人生活を見越して、試練に耐えることも必要だと考えたからである（同頁参照）。高橋はこう振り返っている。「上級生によるいいがかりのようないじめはしつこく続き、数人の別の同級生からもバカにされ、先生からも守ってもらえず、類くんにとっては、地獄の3年間だったと思います。でも、この3年間は、彼にとって大切だったと思います。他者とのかかわりの中で葛藤しながら、どう身を処したらいいのかを学ぶことができて、今に続く、いい心の体力がついたのです」（204〜205頁）。

高橋は、常に心がけていることを10項目紹介している。そのうちのふたつをあげてみよう。ひとつ目は、発達障害のひとをひとりの個人として理解することである（214頁参照）。自閉症を個性と見てほしいという東田の願いに通じるものが感じられる。ふたつ目は、誰もがみな発達の過程にあるから、変化していくということを前提にして柔軟に考えることである（215頁参照）。現在を過去と未来という時間軸に沿って考えるようにつとめ、現在にのみこだわって性急に判断することの危険性が暗示されている。現におきていることに視野を限定せず、それが将来的にどうなるかを予測しながら方向性をさぐるという慎重な対処法である。

おしまいの共同インタビューでは、栗原はこう語っている。「**二十歳も超えて社会人になって、難しいことがあっても、それをどう乗り越えるのかが今は自分の課題かなと思っています**」（226頁）。インタビューアーが発言する。「類くんのお母さんは、人と同じになりなさいではなく、君は君のままでいいと認めたうえで、方法論として『こういう時はこうした方がいい』と教えていらっしゃいます」（232頁）。又吉の発言。「**それぞれのできることを全力でやってりゃ、おもしろくなるんじゃないか**」（232頁）。

「おわりに」で栗原は述べる。「人は、発達障害であろうとなかろうと、『その人が輝くための場所』さえみつけることができれば、そしてあきらめず、その人なりの時間軸で成長すれば、誰もが必ず輝くことができるのだと思います」（236頁）。この本は、こうしめくくられる。「かつての僕がそうだったように、『自分の居場所なんかない』『自分は独り』『言っても何も変わらない』と思っている方もおられるでしょう。でも少なくとも僕は今回の公表が新たなきっかけ・転換点になったことは間違いありません」（237頁）。

6月—2

生きものへのまなざし

——南方熊楠と柳田国男——

『南方マンダラ』（中沢新一編、1991年、河出文庫）は、《南方熊楠コレクション》全5巻の第1巻である。第2巻から第5巻はそれぞれ、『南方民俗学』『浄のセクソロジー』『動と不動のコスモロジー』『森の思想』である。いずれも読みやすいものではないが、南方の思想世界の全体像を見通すには最適のコレクションである。

南方熊楠（1867〜1941）は、和歌山県に生まれた。少年時代の熊楠は、知人の家で読んだ『和漢三才図会』に感動し、その内容を記憶し、家に帰って写した。後には借り出して筆写を続け、数年をかけて全105巻の筆写を完成させた。1884年に東京大学予備門に入学し、秋山真之、夏目漱石、山田美妙、正岡子規らと机を並べるが、2年後に退学して帰省する。その後、渡米し、1887年にミシガン州の州立農学校に入学するも、翌年には退学。1891年にフロリダ州に移り、菌類、地衣類、藻類を採集する。翌年にイギリスに渡り、大英博物館で東洋関係資料の整理を助ける。1893年に、『ネイチャー』に最初の論文「東洋の星座」が掲載される。この年に、真言宗の僧侶である土宜法龍（1834〜1921）と出会い、親交を深める。ふたりの間では、書簡を通じて激しい論戦が繰りひろげられた。1900年、和歌山に戻り、約3年間、粘菌の研究に没頭した。その後、国による神社合祀政策に反対する活動に精力的にとり組んだ。この運動に協力したひとりが柳田国男である。1911年、柳田国男との約6年にわたる文通が始まる。晩年は神島の保全に尽力した。

『南方マンダラ』は、「解題　南方マンダラ」「第一部　事の世界——ロンドン書簡」「第二部　マンダラの誕生――那智書簡」「ポストリュード――最後の書簡」からなる。詳細な解題は編者が執筆している。マンダラとは、サンスクリット語 mandala の音訳で、「本質（manda）を得る（la）」という意味だ。この巻では、南方が10年近くの歳月をかけて考えぬいたマンダラ観が、土宜法龍宛の書簡のなかで披瀝されている。その考えの核心に触れる箇所を、一箇所だけ引用してみよう。

不思議ということあり。事不思議あり、物不思議あり、心不思議あり。理不思議あり。大日如来の大不思議あり。予は、今日の科学は物不思議をばあらかた片づけ、その順序だけざっと立てならべ得たることと思う。（中略）心不思議は、心理学というものあれど、これは脳とか感覚諸器とかを離れずに研究中ゆえ、物不思議をはなれず。したがって、心ばかりの不思議の学というものの今はなし、またはいまだなし。（２９５頁）

南方は、この世界がどのようにして成り立っているのかを見極めたいと願った。南方の観る世界は、物とこころが相互にむすびついて事として生起する過程であった。それを支える根源的な働きとして大日如来が視野におさめられていた。こうした密教的な世界観は、土宜法龍から示唆を受けて練りあげられたものである。こころと物が縁あって出会うとき、ことばでは言い表せない出来事が生じてくる。それこそが不思議の世界である。この世界を究めようとする南方の苦闘の痕跡は、いまだ十分には解明されていない。中沢新一は、解題のなかでこう述べている。「『南方曼陀羅』が生まれてから、すでに九十年近い歳月が流れた。それは、二十世紀末の人間による解読を待ちながら、いまも生まれたときと同じ、熊野の森のほの暗く、深い緑を呼吸しつづけている」(11頁)。

南方はまた、不思議の世界の生成的出来事を、因果論的に把握するだけでなく、「縁の論理」によって明らかにしようと試みた。南方は、「縁」を極めようとする自負をこう語る。「今日の科学、因果は分かるが(もしくは分かるべき見込みあるが)、縁が分からぬ。この縁を研究するがわれわれの任なり。しかして、縁は因果と因果の錯雑して生ずるものなれば、諸因果総体の一層上の因果を求むるがわれわれの任なり」(341頁)。欧米の科学に特徴的な因果論的思考を相対化し、アジアの縁起的思考に世界把握の活路を求めた南方の覚悟が語られている。

粘菌という、植物と動物という両義性をもった生きものに魅了された南方は、やがて、森羅万象の生成の神秘にもあくなき好奇心をいだき、探究を続けた。その巨大な足跡は、未踏の領野として残されている。

頼富本宏、鶴見和子『曼荼羅の思想』(藤原書店、2005年)は、密教学者と比較社会学者による対談の書である。「曼荼羅は静的か動的か——土宜法龍と南方熊楠」「『閉じられた曼荼羅』から『開かれた曼荼羅』へ」「曼荼羅の秘める創造性」「曼荼羅による新しい共生のモデル」の全4場からなる。

この対談では、曼荼羅のもつ意味や世界観について縦横無尽に語られている。インドや中国、チベット、日本の曼荼羅の違い、多様な曼荼羅についても知ることができる。代表的な金剛界曼荼羅と胎蔵曼荼羅のほかに、心曼荼羅と身体曼荼羅、立体曼荼羅と流体曼荼羅などにも話がおよんでいる。立場のことなるものの排除をめざす一元的思考の対極に位置し、ことなるもの同士の共存と融和を希求する曼荼羅の思想は、分裂と解体へと向かう時代に対抗する力を秘めている。

南方の生涯に興味をもつひとには、中瀬喜陽、長谷川興蔵編『南方熊楠アルバム〈新装版〉』（八坂書房、2004年）がおすすめである。南方という知的巨人の波乱万丈の生涯が500枚の写真資料で再現されている。少年熊楠による魚類、獣類写図帳の一部や、在米、在英時代のノートなどを見ることができる。家族、孫文との交友、粘菌、植物研究所などに関連する写真も豊富である。

柳田国男の『遠野物語・山の人生』（岩波文庫、2015年［第57刷］）は、彼の代表作である。「遠野物語」は、柳田が、遠野人・佐々木喜善（雅号は鏡石）から聴いた説話を味わい深い日本語でまとめたものである。「山の人生」は、山で暮らすひとびとへの柳田の情愛があふれた記録である。

柳田国男（1875～1962）は兵庫県に松岡操とたけの六男として生まれた。幼少期から読書の習慣をもち、青年期から壮年期にかけては好んで旅行にでかけた。1900年に東京帝国大学卒業後、農商務省に勤める。1901年に柳田直平の養子になった。1902年に法制局参事官になり、1913年には高木敏雄と協力して雑誌『郷土研究』を創刊した。『石神問答』（1910）の出版がきっかけとなって南方との文通が始まった。1914年には貴族院書記官長になったが、貴族院議長との確執から１９１９年末に辞任した。敗戦後は、１９４８年に民俗学研究所を発足させ、１９５３年には季刊『日本民族学』を発行するなど、民俗学の発展のために精力的に活動した。

「遠野物語」（１９１０）の冒頭の二文はこうである。「この話はすべて遠野の人佐々木鏡石君より聞きたり。昨明治四十二年の二月ごろより始めて夜分おりおり訪ね来たりこの話をせられしを筆記せしなり」（7頁）。里の神、家の神、山の神、山男、山女、魂の行方、雪女、河童、猿、熊、狐などの話は、この世界と異界との共存・交流を語るものが多く、ついつい引きこまれてしまう。ふたつの話を引用してみよう。

遠野郷の民家の子女にして、異人にさらわれて行く者年々多くあり。ことに女に多しとなり。（31頁）

白望の山続きに離森というところあり。その小字に長者屋敷というは、全く無人の境なり。ここに行きて炭を焼く者ありき。在る夜その小屋の垂孤をかかげて、内を窺う者を見たり。髪を長く二つに分けて垂れたる女なり。このあたりにても深夜に女の叫び声を聞くことは珍しからず。（32頁）

「山の人生」（１９２６）には、こころに残る話が多い。最初の「山に埋もれたる人生あること」もそうだ。少し長くなるが、全文を引用してみよう。

今では記憶している者が、私の外には一人もあるまい。三十年あまり前、世間のひどく不景気であった年に、西美濃の山の中で炭を焼く五十ばかりの男が、子供を二人まで、鉞で斫り殺したことがあった。

女房はとくに死んで、あとには十三になる男の子が一人あった。そこへどうした事情であったか、同じ歳くらいの小娘を貰ってきて、山の炭焼小屋で一緒に育てていた。その子たちの名前はもう私も忘れてしまった。何としても炭は売れず、何度里へ降りても、いつも一合の米も手に入らなかった。最後の日にも空手で戻ってきて、飢えきっている小さい者の顔を見るのがつらさに、すっと小屋の奥へ入って昼寝をしてしまった。

眼がさめて見ると、小屋の口一ぱいに夕日がさしていた。秋の末の事であったという。二人の子供がその日当たりのところにしゃがんで、頻りに何かしているので、傍へ行って見たら一生懸命に仕事に使う大きな斧を磨いでいた。阿爺、これでわしたちを殺してくれといったそうである。そうして入口の材木を枕にして、二人ながら仰向けに寝たそうである。それを見るとくらくらとして、前後の考えもなく二人の首を打ち落してしまった。それで自分は死ぬことができなくて、やがて捕えられて牢に入れられた。

この親爺がもう六十近くなってから、特赦を受けて世の中へ出てきたのである。そうしてそれからどうなったか、すぐにまた分らなくなってしまった。私は仔細あってただ一度、この一件書類を読んで見たことがあるが、今はすでにあの偉大なる人間苦の記録も、どこかの長持の底で蝕み朽ちつつあるであろう。

また同じ頃、美濃とは遥かに隔たった九州の或る町の囚獄に、謀殺罪で十二年の刑に服していた三十あまりの女性が、同じような悲しい運命のもとに活きていた。ある山奥の村に生まれ、男を持ったが親たちが許さぬので逃げた。子供ができて後に生活が苦しくなり、恥を忍んで郷里に還ってみると、身寄りの者は知らぬうちに死んでいて、笑い嘲ける人ばかり多かった。すごすごと再び浮世に出て行こうとしたが、男の方は病身者で、とても働ける見込みはなかった。

大きな滝の上の小路を、親子三人で通るときに、もう死のうじゃないかと、三人の身体を、帯で一つに縛りつけて、高い樹の隙間から、淵を目がけて飛びこんだ。数時間ののちに、女房が自然と正気に復った時には、夫も死ねなかったものとみえて、濡れた衣服で岸に上って、傍の老樹の枝に首を吊って自ら縊れており、赤ん坊は滝壺の上の梢に引懸って死んでいたという話である。

こうして女一人だけが、意味もなしに生き残ってしまった。死ぬ考えもない子を殺したから謀殺で、それも十二年までの宥恕があったのである。このあわれな女も牢を出てから、すでに年久しく消息が絶えている。多分はどこかの村の隅に、まだ抜け殻のような存在を続けていることであろう。

我々が空想で描いて見る世界よりも、隠れた現実の方が遥かに物深い。また我々をして考えしめる。これは今自分の説こうとする問題と直接の関係はないのだが、こんな機会でないと思い出すこともなく、また何びとも耳を貸そうとはしまいから、序文の代りに書き残して置くのである。（93～95頁）

日々の暮らしに困りはてたひと、追いつめられたひとのやむにやまれぬふるまいが、この短い文章のなかに凝縮されている。現代でも、新聞の三面記事の片隅には、時々せっぱつまったひとびとの同じような話が載る。忙しくしていると、ごく普通の暮らしをしていたひとの「物深い」（95頁）現実の出来事の細部にまで想像力を働かせることはむずかしい。それがいつまでも記憶に残ることもまれだ。無名のひとびとの、こころに鋭く突き刺さり、こころがかきむしられるような現実は、警察署の記録のなかに埋もれて、忘れ去られていくのだ。

『青年と学問』（岩波文庫、２０１５年［第23刷］）は、柳田が１９２４年から１９２７年にかけて各地で行なった10篇の講演原稿からなっている。１９２８年に日本青年館から発行された。「旅行と歴史」（原題は「歴史は何の為に学ぶ」）は栃木中学校での講演記録である。柳田は、自分の学問的な志を受け継いでくれる若者がひとりでも現われてほしいと願って、熱く語りかけている。

主題のひとつは旅行である。ひとはなぜ旅をするのだろうか。柳田の答えは明快である。ひとへの好奇心がひとを旅に誘うというのである。旅行の意義については、こう語られる。「生まれた時から周囲の人ばかりと接していては何とも思わなかったものが、一旦その間から抜け出して振り返り、或いは前と後とを比較してみる時に、はじめて少しずつ自分と周囲との関係が分かってくる」(73頁)。自分が何者であり、自国がどのような国であるかは、自分を脱けだし、見知らぬ国をたずねることによってよく見えてくるということだ。自他の違いにとまどったり、驚いたりすることで、見逃していたことがはっきりと見えてくるのだ。

柳田は、旅行と学問を関連づけて言う。「学問の真の意味を解し、一定の方針を立てて読書する人だけが、これによって生涯を正しく導きうると同じように、この旅行というものの意味をよく知って、短い一日二日の旅でも心を留めて見てあるく人が、時すなわち人生を一番よく使った理想的の旅人ということになるのである」(74頁)。観光ガイドの指示に従ってスケジュールをこなすこと、名所旧跡をあわただしくカメラにおさめて先を急ぐことと、ひとや風景をじっくりとこころを落ちつけて見て歩くこと、こころ惹かれる出来事にじっと向き合う時間を生きることとは相容れない。旅の途上で、ひとや風景と対話しながら、立ちどまることで開かれてくる、中身の濃い時間を生きることこそが、旅行の醍醐味なのであろう。

柳田は自分の人生観を率直に語っている。「世の中には志の高い善人も多いが、物の分からぬ手前勝手な醜い人も少なくない。双方どちらでもない人も随分あって、場合によってはしばしば悪いこともすればいやな事もする。そうして善い事よりも悪い事の方が、目にも立ち気を取られやすい」(80頁)。

柳田は、青年に対して、世の中にはなぜ善と悪が混在し、愛と尊敬の隣に憎悪と闘争が住んでいるのか、その理由を考えてほしいと願う。さらにまた、青年が学問に取り組むならば、「もしや人の生活は方法次第で味わわずとも済むべき苦いものすっぱいものを、わざわざたがいに味わっているのではないかどうか」（81頁）じっくり考察できるようになってほしいと希望を述べている。学ぶということは、考えることが起点になるが、自分で考えるだけでなく、その内実を確かめながら、考えの意味と方向をさぐっていくことだ。過去をかえりみず、先を読まず、手前勝手な思いこみにとらわれてしまうと、善からは遠ざかる。善に近づき、悪を避けることができるように慎重に考えられるようになるということが、柳田の言う学問の意味である。

この講演のおしまいでは、学問する者の3つの心構えについて語られる。「これだけ学べばもう十分という小さな満足をせぬこと」（89頁）、「本さえ読んでおれば、それで宜しいという考え方」（同頁）をしないこと、「歴史は読むものであって考えるものでないように思うこと」（92頁）を避けることの3つである。「もっと考えよ」（同頁）こそが、柳田の強いメッセージであった。

7月—1
考える力を鍛えるための方法
—フランスの教育に学ぶ—

フランス思想を語るうえで欠かせないデカルトとパスカルは、それぞれ「私は考える、だから私は存在する」(デカルト)と、「人間は考える葦である」(パスカル)という表現から分かるように、「考えること」に重きを置いた。パスカルは、「考えることが人間を偉大にする」とも述べた。ふたりによれば、人間としての尊厳は「考えること」のうちにあり、考えることができるからこそ、生きていると言えるのだ。

とはいえ、考えるとはなにを意味するのか。どのようにすれば、考えることになるのだろうか。「下手な考え、休むに似たり」とも言う。下手な考えと上手な考えとがあるとすれば、両者の違いはどこにあるのだろうか。運動しなければ、身体能力が向上しないのと同様に、自分の頭を使って自分で考えることをしなければ、批判力も洞察力も育たないことは確かだ。しかし、自分で上手に考えることができるようになるために、そもそもなにが必要なのかは、必ずしもはっきりはしていない。

「自分でよく考えなさい、自分の頭を使いなさい」と諭すひとはいる。しかし、よく考えるための手続きを教えてくれるひとは少ない。自分で考える力の鍛え方を丁寧に説明してくれる人も多くはいない。自分で深く考えるためには、どういう手続きを踏んだらよいのだろうか。運動選手には、運動に応じて能力を強化するためのさまざまな方法があり、それに則して能力の向上を図ることができる。それでは、考える力を深めるための方法はあるのだろうか。

思考力の深化について教えてくれるのが、中島さおりの『哲学するこどもたち　バカロレアの国フランスの教育事情』（河出書房新社、２０１６年）である。中島は、フランスに留学し、フランス人の夫、二子とともにパリ郊外に住んでおり、当地の教育事情にも詳しい。本書は、Ⅰ「子どもを育てるならフランス？」、Ⅱ「式典がないフランスの学校」、Ⅲ「パリのスクールライフ」、Ⅳ「哲学する子どもたち」、Ⅴ「バカロレアがやってくる！」の5章立てである。フランスと日本の教育の質的な違いを理解するために役立つ。

日本の教育の現場では、試験が終わればすぐに忘れてしまうような知識を忙しく暗記することが強制される。文学作品の一部について、その内容や構成について考え、考えを文章にまとめたりして思考力を鍛える時間はあまり考慮されない。試験で試されるのは、主として記憶力でしかない。他方、フランスの教育では、じっくり考えないと答えられないような問題を課して、生徒の考える力を鍛えることに力点が置かれている。

フランスには、バカロレアという大学入学資格試験がある。この試験は論述式であり、長い場合は、4時間かけて文章を作成しなければならない。たとえば、「人間が死について考えることに意味があるか」といった問いに対して、哲学者たちの肯定的あるいは否定的な意見を取りあげて比較検討し、最終的に、自分の考えを展開して結論を導くことが要求される。文字どおり、思考力が試される試験である。

２０１６年の文系の試験問題はつぎの3つである。いずれの問題も、細かい知識の習得だけでなく、相当の思考力や分析力を要求している。１「道徳的信条は経験にもとづくのだろうか」。２「欲望は本来際限がないものだろうか」。3「ハンナ・アレント『真実と政治』（1964）のテクストの抜粋箇所を説明しなさい」。理系の場合は、以下の3問である。1「労働が減れば、よりよく生きることになるだろうか」。2「知るためには論証しなければならないだろうか」。3「マキャベリ『君主論』（1532）のテクストの抜粋箇所を説明しなさい」。経済・社会系の場合は、1「われわれは、自分が望むものを常に心得ているだろうか」、2「われわれはなぜ歴史の勉強に興味をもつのだろうか」、3「デカルト『哲学原理』（1644）の抜粋箇所を説明しなさい」である。フランスの高校生は、こうした問題に筋の通った文章で答えることができるように勉強するのである。

中島は、論述試験で評価される答案を書くためのこつをいくつか紹介している。まずは、「与えられた問題をパラフレーズして、自分の言葉で書き直す」（40頁）ことである。つぎに、自分が使う用語をどういう意味で使うかを明確にして述べることである（41頁参照）。たとえば、「『尊敬するためには愛さなければならないか?』」（41頁）という課題が出された場合には、「尊敬」や「愛」を自分がどのように定義するかを明らかにして論を進めることである（41〜42頁参照）。

3番目に、問題提起をすること、すなわち、「『与えられた主題に、論理の一貫した答えが複数あって、それが互いに矛盾するという構図を作ること』」（42頁）である。「論理的にもっともと思われる説を二つ客観的に展開して、それを突き合わせることが『考える』ということであって、自分の思い込みを一方的に唱えるのは『考える』ということではない。そう学校で教えられていることにまず驚いてしまう」（42頁）。Aという考え方に、それと対立するBという考え方を対置し、両者を徹底して推し進めた先に出会うアポリアを回避するために、最後に自分なりの考えを提示するということである。なるほど、こういう論述式試験ならば、思考力を鍛えておかなければ歯が立たないだろうと実感される。

先にあげた試験問題の3は、「テクスト評釈」である。テクストがきちんと客観的に読解できるかどうかを試す問題である。自分の思いつきや意見を述べればすむというものではない。「テクストが何を目的にしているか、何を言おうとしているか、そのためにどのような手段をとっているか、その試みは成功しているか、このようなテクストは文学史的にどのように位置づけられるか、等々を細部の分析に基づいて解説する」（225〜226頁）のが評釈である。評価される評釈文を作成するためには、テクストをさまざまな観点から分析し、掘り下げて読む訓練が欠かせない。

テクスト評釈は、序論、本論、結論という3部形式に従うことが必要である。序論では、テクストの内容を自分のことばでまとめ、なにを述べるかを提起し、それをどのような順序で述べていくかを明らかにすることが求められる。つぎに書くべきなのは本論ではなく、結論である。「結論は、まず、細部ではなく全体を見渡す文章で自ら序論で提起した問題に明確に答える。次に二、三行で、自分の論評の最も大事な点をまとめ、最後に、テクストをより一般的なコンテクストのなかに置いて見直してみる」（229頁）。その後で本論を書き、序論と結論で概略的に述べたことの実質的な肉づけを行なうことになる。「フランスの高校生は、文系の生徒のみならず全員が、こうした『評釈』を書けるように、テクストの読み方、分析の仕方、分析に必要な概念、文学的な知識を授業で学んでいる」（231

頁)。彼らは3年生になると、週10時間以上も「哲学」の授業を受けて、考えて、書くことを実践するのだ。彼らの多くが勉強に忙しく、遊ぶ暇がないというのもよくわかる。

「一般の高校生に、どうしてかくも高度な論述試験をできるのか」と、日本から来た知人が感慨を洩らしたとき、中島は、「『やり方を教えるからです』」(231頁)と答えている。来日したフランスの大学生には、日本の政治や社会問題について質問しても、「え？　わっかりませーん」としか言わない日本の大学生が子供のようにしか見えないらしいが、彼我の教育の質の違いを知れば、「ごもっとも」と言わざるをえない。フランスの高校生が政府の方針に抗議してデモ行進する場面がニュースで報じられたりするが、日本では考えられないことだ。

この本には、付録として、2015年度の評釈問題と模範解答がついている(231〜238頁参照)。高い評価点がつく解答を書ける日本人はいないだろうと思わせるようなハイ・レヴェルの問題に圧倒される。テクストを知的に分析し、客観的に解読できるためには、日ごろからテクストを精読し、内容について深く考え、書く習慣をもつことが大切だろう。中島は言う。「人は質の高い文章を読むことでのみ、書けるようにもなるのである。文章だけでなく、映画でも音楽でもデザインでもなんでもそうだろうと思うけれども、古典といわれる価値のある、過去の優れたものを知ることで、審美眼ひいては確固としたその人独自のスタイルは作られるのであって、同時代のものにしか触れなければ、必然的に質は低下する」(240頁)。

教育を通じて、読む力、考える力、書く力を鍛えられることの少ない日本の高校生や大学生であっても、質の高い古典や、入念に書かれた文章をじっくり読んで、考え、書く機会はいくらでもある。その気になれば、いい映画や芸術作品に出会うこともできる。しかし、人間を魅力的にするものとのつき合いは、しばしば面倒なことが多く、つい避けてしまいがちになる。その代わりに、安手の娯楽に溺れてしまうのだ。それは、自分の人間的な質を落としていくことにつながる。

それを避けるためには、やはり「よく考えること」が欠かせないだろう。よく考えるとは、先を読んで生きるということだ。「こんなことしかしていないと、こんな風にしかなれない」、「こういうふうにしていれば、こういうふうにできるようになる」と、現在を将来との関連において位置づけ、先を見越して今を生きることが望まれる。むろん功利的な観点から言っているのではなく、今よりもよい、あるべき自分に向かっていかに道筋をつけていくか、ということだ。そこで必要になるのは、自分で自分を教育する姿勢を保つことだ。フランスの高校生のように生徒の自立を助けるよい教師が周りにいなければ、自分が自分の教師になるしかない。デカルトも、『方法序説』のなかで、自分で自分を導くことの大切さを強調していた。

ベルトラン・ヴェルジュリの『幸福の小さな哲学』（原章二＋岡本健訳、平凡社、２００４年）は、考えることの喜びを伝えてくる一冊である。

ヴェルジュリは１９５３年にパリに生まれる。エコール・ノルマル（高等師範学校）を卒業し、高等教育教授資格を取得した。パリ政治学院やリセの高等師範学校受験準備クラスで哲学を教えている。

本書は、「序論　幸福について哲学するとは？」、「かつては幸福があった」、「幸福の技術」、「幸福と神々」、「人間たちの幸福」、「永遠に向かって」、「結論　幸福になるために何を待っているのか？」からなる。古代ギリシアの時代から現代にいたるまで幸福は多様な文脈で論じられてきたが、著者は幸福がなによりも哲学の問題であることを力説している。

「序論」は哲学のすすめである。ピアノを弾くために先生に習うことに誰も疑いをもたないという話に続けて、著者は言う。「ところが奇妙なことに、哲学の話になって先生のところへ行かなければならないとなると、みんなが腹を立てる。まるで考えることは教えられない、とでもいうかのように」（17頁）。著者によれば、哲学は音楽と同じで、先生から学ぶものである。「考えることも習うのである」（同頁）。教師の助けを借りずに、ひとりで考えられるようにはならないということだ。著者はこう続ける。「自分の考えを組み立てられるようになるためには、何年もかかる。先生がいて、生徒に哲学の本をきちんと読みこむことを教えて、はじめてそれができる。それができるようになって、本当の歓びが味わえる。それは自分で自分のことを理解する歓びであり、哲学者の深い思想を理解する歓びであり、他人が世界を理解するのを助ける歓びである。それは思想における交感の瞬間であり、魔法の瞬間であり、恩寵の時である。そのとき思想は、いのちの音楽そのものとなり、私たちの内なる世界を照らすだろう」（17～18頁）。考えることの歓びを讃える美しい文章である。

ヴェルジュリが「習う」範囲に含めていることは広い。考えることのほかに、聞くこと、触れること、呼吸すること、感じること、歩くこと、話すこと、読むこと、表現すること、物語ることなどは、すべてわれわれが習うことなのである（18頁参照）。習うとは、われわれが普段何気なくしていることを見直し、考え直してみることである。「触れること」や「呼吸すること」をいつも意識して、学んでいるひとはごくわずかだろう。「歩くこと」の意味を模索して歩いている人も少ないだろう。そうした不十分にしか意識していないことを習う姿勢を保ち続けると、その歩みがやがて「いのちの音楽」とむすびつき、世界はそれまでとは別の表情を見せ始めるのである。

考えることが習うことだと自覚するひとは少ないだろう。なんとなく自分で考えていると思って生きていると、考えることは学習の対象にはならない。結果として、考えていると錯覚し、じつは深く考えずに、漫然と生きている状態にはまりこむことになる。「誰もが考えるわけではない。考えたいと思う人が考えるのではなくて、よく考えようと努力する人が考えるのである」（19頁）。自分が考えずに生きているという状態に気づき、それをよしとせず、よく考えようと決意して、考えることを習い、学び始めることによって、考えることができるようになるということだ。

著者は、人間についても同じことを言う。「人間になるには準備が必要なのである。ただ単に人間になりたいと思う人が人間なのではない。人間になろうと努力する人が人間なのである」（20頁）。ドイツの作家、ノヴァーリスも、「人間とは人間になる技術である」という意味のことを述べた。人間の格好をしていれば、それで人間だというのではなく、自分の人間としての未熟さを恥じて、人間になろうと努めることで初めて人間と言えるのだという人間観である。完成した人間には努力はもはや必要ではないが、われわれはだれもが未完成で、未熟な存在でしかないがゆえに、成長をめざす努力は欠かせないのだ。

おしまいに、著者のメッセージを引用しておこう。「考えることの意味を知らない人が誰もいないような社会を築こうではないか。考えることの責任を誰に対しても安んじてゆだねよう」(18~19頁)。

『幸福の小さな哲学』は、考えることの意味がどこにあるのか、なぜ考えなければならないのかを考える時間を与えてくれる本である。平明な文体で書かれているので、とっつきやすい本でもある。「哲学」と聞いて尻ごみせずに、読んで考える機会を得てほしい。パスカルが述べたように、考えることによって、われわれは卑小な存在から脱出できるのだ。

7月—2
成長の喜びと衰退の悲しみ

——変わる・変える・変えられる——

動物も植物も、生きているかぎり時間とともにその姿は変化していく。外からの力によって否応なく変えられるということがなくとも、成長からやがて衰退へと向かう自然な変化は避けられない。他方で、ひとにはこうした自然な変化とはことなる変化が見られる。それは、自分で自分を変えていくという、思考や意志による能動的な変化である。ひとは、考え方や生き方を自分で変えることのできる生きものなのだ。

アメリカのいくつかの大学では、人間のもつ自立的で積極的な変化の可能性に注目し、「自分で自分を変える」ことの意義を強調し、そのための具体的な方法や考え方について教える講義が受講者の共感を得ている。今回は、そのなかで3つの授業を取りあげてみよう。

ケリー・マクゴニガルの『スタンフォードの自分を変える教室』(神崎朗子訳、だいわ文庫、2015年)は、スタンフォード大学の生涯教育プログラム講座の内容を活字にしたものである。原題は、The Willpower Instinct である。この本の特色のひとつは、このタイトルから明らかなように、脳科学や神経科学などの知見にもとづきながら、意志力を本能としてとらえていることである。「意志力とは進化によって得た能力であり、誰もがもっている本能であり、脳と体で起きている現象を対応させる能力なのです」(95頁)。

マクゴニガルは、スタンフォード大学の心理学者である。講義では、心理学や神経科学、医学などの知識を活用しながら、ひとびとが健康で、幸福を享受し、良好な人間関係を維持するための実践的なアドヴァイスを行なっている。2013年に二度来日して講演したさいには、中学生から高齢者までの幅広い受講者を集めた。

本書の目次を見てみよう。序論「『自分を変える教室』へようこそ――意志力を磨けば、人生が変わる」、第1章「やる力、やらない力、望む力――潜在能力を引き出す3つの力」、第2章「意志力の本能――あなたの体はチーズケーキを拒むようにできている」、第3章「疲れていると抵抗できない――自制心が筋肉に似ている理由」、第4章「罪のライセンス――よいことをすると悪いことをしたくなる」、第5章「脳が大きなウソをつく――欲求を幸せと勘ちがいする理由」、第6章「どうにでもなれ――気分の落ち込みが挫折につながる」、第7章「将来を売りとばす――手軽な快楽の経済学」、第8章「感染した！――意志力はうつる」、第9章「この章は読まないで――『やらない力』の限界」、第10章「おわりに――自分自身をじっと見つめる」。

本書の各章には、「意志力の科学者になるための2種類の課題」(25頁)が用意されている。ひとつは、「『マイクロスコープ(顕微鏡)』」(同頁)であり、これは、章ごとの話題が読書の生活にあてはまることに気づいてもらうための仕掛けである。第1章のための「マイクロスコープ」では、「あなたの『チャレンジ』を選んでください」と題して、読者に「やる力」「やらない力」「望む力」のいずれかにチャレンジすることを勧める導入部となっている。もうひとつは「『意志力の実験』」(26頁)であり、この課題によって著者が読者に求めるのは、「科学的な研究や理論に基づいて自己コントロールを強化するための実践的な戦略」(同頁)である。この種の実践を通じて、読者が意志力の問題に目覚め、自己をうまくコントロールできるようになればというのがマクゴニガルの思惑である。著者によれば、意志力という本能は、衝動的な本能に対立し、衝動の無軌道な噴出にブレーキをかける力である。この力の働き方は、彼女の見解によれば、食べ物や呼吸、運動などによって左右される。食事の質をよくし、ゆっくりとした呼吸を心がけ、適度な運動をすることで、意志力は強化されるというのである。意志は、単に意識的なレヴェルでの知的な活動ではなく、脳や体全体の働きと連動しており、日常生活の仕方を変えることができれば、意志力の強化も可能になるというのだ。

第3章では、意志力強化プログラムとして、参加者に自制心を必要とする小さなこと（姿勢をよく保つ、甘いものをへらす、出費の記録など）を継続的にするよう求めた場合に、意志力が強くなるという結果が示されている（120頁参照）。著者は、大学の心理学者などが行なっている意志力トレーニングの成果を検証して、こう述べている。「たとえつまらないことやかんたんなことでも、意志力のエクササイズとして毎日続ければ、自己コントロールが筋肉に似ているのがよくわかり、あらゆる意志力の問題に対処するための力がついてくるのを実感できるでしょう」（123頁）。「筋肉と同じで、意志力も『使わなければ駄目になる』ようにできているのです」（133頁）。

本書は、「自分を変える」というチャレンジを、意志力は日常のエクササイズによって十分に強化されうるという科学的な検証の成果とむすびつけて、読者に積極的な自己変革を迫る一冊である。底流にあるアメリカ的な楽観主義に鼻白む向きもあるかもしれないが、自分を変えたいと願っているなら、著者がこの本で求めている「意志力の実験」に積極的に参加してみても損はないだろう。

タル・ベン・シャハーの『ハーバードの人生を変える授業』（成瀬まゆみ訳、だいわ文庫、２０１５年）は、ハーバード大学の「伝説の授業」と言われた人気講義を文庫化したものである。原題は、Even Happier である。彼の講義には、多い年には1学期あたり１４００名の学生が殺到し、強い影響を受けたという。

タル・ベン・シャハーは、「ポジティブ心理学」の研究者のひとりである。この学問の特色は、人間がよりよく生きるということに焦点をあてて研究するところにあり、ポジティブな感情や積極的な人間関係、幸福、楽観的な態度といったテーマを扱っている。「あとがき」によれば、彼は16歳という若さでスカッシュのイスラエル・チャンピオンになったが、決して幸せにはならなかったと感じ、それが「幸せ」研究の出発点になったという。その後、彼は大学で哲学・心理学を専攻し、「成功はおさめたが、幸せを実感していないひとびと」を観察し、独自の幸福論を構築するにいたる（２４３〜２４４参照）。

本書には、授業のエッセンスが「感謝する」から「全体を振り返って」まで52講にまとめられ、合わせて「アクションプラン」が示されている。いずれも難解な術語を使わず、平易なことばで語られており、とっつきやすい。

「はじめに」で、彼はかつて自分が影響を受けた授業にならって、受講者にひとつの理論について考えるだけでなく、その内容を実践することを提案してきたと語る。彼はそのやり方を「リフラクション（反映させて行動する）」（3頁）と名づけている。それを通じて、単なる知識を得るだけでなく、周囲の世界をよく理解し、状況に適切に対処することができるようになると述べている（5頁参照）。

第1週「感謝する」で、彼の講義の進め方を見てみよう。問いかけはこうだ。「あなたが感謝できることは何ですか。自分の人生でありがたいと思うことは何ですか」（12頁）。これに続けて、こう注文する。「この1週間、感謝することを毎日5つ書きとめるようにしてください。このワークで大事なことは、おざなりに行なうのではなく、しっかりと意識をもって行なうことです」（12頁）。そのために、書いていることを生き生きと思い浮かべ、書いている間に、そのことをもう一度経験しているかのように感じてほしいと述べている。このワークを続けていると、幸せになるために特別な出来事は必要でなくなるという（11〜12頁参照）。

第7週は「困難から学ぶ」だ。著者は言う。「本当に幸福になるためには、ある種の自己啓発本や精神科の薬が回避しようとするような、不快な感情やつらい体験が必要です」（37頁）。質問はこうだ。「大変だったり、つらかったりした経験を思い返してみてください。そこからあなたは何を学びましたか。どのように成長したでしょうか」（38頁）。ふり返って日本の就職面接でも、「あなたは挫折をどのようにして乗り越えましたか」という問いがしばしば出されることからも、失敗体験とその対処の仕方が重視されていることが分かる。著者は先の問いに続けて、今後4日間、ジェームズ・ベネベーカー（テキサス大学）の指示に従って、毎日15分〜20分過去のつらい経験を書き出すことをすすめる。ベネベーカーの指示を要約すると、かつて怒りを感じたり、トラウマになったりした経験について、こころの奥底でどのように思い、感じているかを書き出し、こころの深いところにある感情や思いと向き合うということである（39頁参照）。

第11週は「失敗から学ぶ」だ。万事が順調で失敗のない人生というものはない。だれもが、どこかでつまずいたり、失敗してくじけたりする。人生には思いがけないことがおこり、愕然としたり、深く傷ついたりすることも少なくない。しかし、だからといって、失敗を恐れてすくんでいるわけにはいかない。失敗することも考慮して、ことに臨むことが大切だ。著者は、ハリー・ポッター・シリーズの作者J・K・ローリングが２００８年にハーバード大学の卒業式で行なった講演の一部を紹介している。「失敗がなければ自分自身について深く学ぶこともできなかったでしょう。私には強い意志と、思っていた以上の自制心があることがわかりました。また宝石のルビーよりも価値のある友人たちに恵まれていることもわかりました。（中略）人は逆境で試されて初めて、真の自分自身や人間関係の強さを知るのです」（55頁）。失敗こそがひとを鍛えるから、失敗を恐れてはならないというアドヴァイスだ。著者は、この週のおしまいに、哲学者セーレン・キルケゴールのことばを引用している。「大胆に行動すれば、一時的に足場を失う。大胆さがなければ、自分自身を失う」（57頁）。

最後まで読んでみると、こうしたアドヴァイスは、そもそも強い性格のひとたちを対象に書かれたものであり、万人に有効とは言えないのではないかと、一抹の疑念を抱かないこともない。それでも、多岐にわたる個々の助言は十分に説得的であり、自分を変えたいと望んでいる若い読者がチャレンジしてみるだけの価値はありそうだ。

ブライアン・R・リトルの『自分の価値を最大にするハーバードの心理学講義』（児島修訳、大和書房、2016年）も、「ポジティブ心理学」の知見を活用して、人間のパーソナリティと幸福な人生の関係を語ったものである。BBC、ニュヨークマガジンなど各メディアで絶賛されている。原題は、ME, MYSELF, AND US The Science of Personality and the Art of Well-Being である。

本書は、「はじめに」のあと、第1章「あなたを閉じ込めている檻――〝メガネ〟を変えて世界を見る」から第10章「自分を変える挑戦――幸福な人生を自分でつくる」までで構成されている。リトルは、「遺伝」や「環境」という過去的な制約を重視する傾向の強すぎた従来のパーソナリティ理論に対抗して、「創造性」や「柔軟性」といった未来に向かって生きる側面を強調するパーソナリティ心理学の知見を尊重している。ひとは遺伝や環境要因に影響される受動的な存在であることは避けられないとしても、より豊かな将来の生活実現をめざして能動的に生きることも可能だという考え方である。

第1章の中心的主張はこうである。われわれは自分や他人、周りの状況などを評価する基準を身につけて育つが、その基準が次第に固定化し、窮屈な枠組となってしまうことが多い。それゆえに、自分のメガネをかけ変えて、自由な目でものを見るような工夫が欠かせない。

第2章「『自分の性格』を理解する――5つの要素で適性がわかる」では、そのための方法が示されている。なによりも、自分がどのようなメガネをかけているかを知ることである。要するに、自分の性格を理解することだ。そのための方法のひとつとして、誠実性、協調性、情緒安定性、開放性、外向性といった性格的な特徴を測定できる「ビッグファイブ・テスト」が紹介され、それぞれの性格について細かく記述されている（55～71頁参照）。

第3章「別人を演じる――大切なもののために性格を変えるということ」では、なにか大切なもののために、自分の性格の外に出て、通常とは違う仕方で行動ができるというひとの特徴が主題化されている。

第4章「『タマネギ』か『アボカド』か――場に合わせるか、信念に従うか」では、自分がどういう性格の持ち主かを判定するために有効な「セルフモニタリング・テスト」が紹介されている。「他の人の行動を真似ることは苦手だと思う」から、「本当は嫌いな相手でも、表面的にはうまく付き合っていけると思う」までの18の質問に○×◎で答えて、自分のセルフモニタリング度が分かるように仕組まれているものだ。それによって、自分の性格の傾向を把握できる。

第5章「主体的に人生を生きる――運命はどのくらいコントロールできるのか？」は、本書の核となる章である。「人間は運命を自分でコントロールできるのか、できないのか」、これは古代からの問いである。二者択一が不可能な問いではある。リトルは、「自己解決型」と「他者依存型」が分かる性格テストを出して、読者がこの問いに対してどう対応するかを試している。このテストは、「1　懸命に努力をすれば、たいてい望むものを達成できる」から「10　自分にとってあまりにも難しいことに取り組み続けるのは無意味だと思う」という質問に答えるものである（135～136頁参照）。このテストを用いた研究の結果によれば、「自己解決型」の方が、人生においてより幸福感を感受し、成功する度合いも高まると見なされている（136頁参照）。

この章には、自分のことを話題にする「パーソナル・スケッチ」の授業で、リトルに強い引用を与えるエッセイを書いた女性が登場する。彼女は、青年時代に自分の人生をコントロールして前向きに生きていたが、その後の数々の不幸な経験に遭遇し、思いがけない出来事に人生の方向がねじ曲げられてしまうまでの顚末を文章にした。彼女だけでなく、だれの人生にとっても、自己コントロールがうまくいって、思い通りに生きられる面と、予想外の出来事によって翻弄される面がある。そこでリトルは、現実に適応して生きることと、偶発的なできごとを受容して生きることの両面を強調している。

これに続く各章で、性格と寿命の関係、クリエイティビティの本質、住んでいる場所と生活の質の関連性、環境、サイバースペースと人間、パーソナル・プロジェクトといった興味深いテーマが扱われている。最終章は、自分が複数の自分から成り立っていることを自覚し、自分とのつき合い方を豊かにすることが幸福への鍵になるという内容で結ばれている。

この先どうなるかを不安視することをいったん止めて、これからどうするのが最善かを考えてみたいひとにはおすすめの一冊である。

8月—1

古典の森を散策してみよう（1）

—アリストテレスのことば—

『アリストテレス「哲学のすすめ」』（廣川洋一訳・解説、講談社学術文庫、２０１１年）は、庶民に向けてわかりやすく書かれた「哲学のすすめ」である。古代社会で広く読まれた。万学の祖・アリストテレスが、哲学の必要性を繰り返し情熱的に語っている。哲学というと、固い響きのする漢字のせいもあって、堅苦しいもの、難解なもの、うっとうしいものと見なされがちである。哲学と聞くだけで敬遠してしまうひとも少なくないだろう。しかし、「フィロソフィア＝知、知恵（賢明さ）を愛し求める」というギリシア語の意味に立ち戻って考えれば、哲学とは、自分に欠けているもの＝知恵を求めて生き、知恵を身につけてもっと賢くなろうとする試みにほかならない。少しでも自分の愚かさを修正するためには、狭い考え方にしがみつき、硬直した姿勢のまま頑固に生きていてはいけない。生きるとはどういうことか、自分や他人とどうつき合ったらいいのか、なんのために生きるのか、どういう生き方が望ましいのか、不幸と幸福を分けるものはなにか、幸福はなにによって得られるのかといった問いについて、じっくり考えて生きることが大切だ。それこそが哲学だとすれば、哲学をむずかしい学問と誤解して避けてはいられないはずだ。それは、よりよく、より深く生きるために必要な訓練なのだから。

第１章で、アリストテレスはこう述べる。「われわれが政治に正しくたずさわり、われわれ自身の生を有益に過ごそうとするなら、われわれは哲学すべきである」（23〜24頁）。逆に言えば、哲学を義務として引き受けなければ、間違った政治に翻弄されるがまま、無益な生を過ごすことになりかねないということだ。政治の場面にはしばしば不正や悪がはびこり、われわれ自身の生も偏見や無思慮、虚栄心やエゴイズムによって破綻しやすい。現実を見つめ、よく考えてみるためには哲学が必要なのである。アリストテレスによれば、哲学とは、正しく判断し、理性を活用し、完全な善を観照することである（24頁参照）。哲学が理想の生を実現する手助けとなるのだ。

だが現実には、われわれは、浅慮に支配され、善や悪、正義や不正についての明確な認識をもたずに軽率な仕方で行動してしまうことがたびたびある。アリストテレスは、当時のひとびとのふるまいを見つめて、今日と変わらない特徴をつぎのように指摘している。精神的な欲望よりも、物質的な欲望に駆られて忙しく生きている。よく生きようとせず、ただ生きている。自分自身の意見にもとづいて判断するのではなく、他人の意見に追随する。財物は追い求めても、美しいもの、善いものには関心を示さないなどである（28～29頁参照）。そうした一般的な傾向に陥ることをよしとせず、ふるまい方を反省して、よりよく、美しく生きるためにこそ哲学が求められる。アリストテレスによれば、哲学するためには道具も場所もいらない。考えることが哲学することのすべてであり（30頁参照）、そのために道具を買いこんだり、どこかにでかけたりすることも必要ではない。哲学は「善きもののうちの最大のもの」（30頁）であり、「哲学を熱意をもって心に受け入れるよう努めることは価値あることである」（同頁）。

第2章では、理知を働かすこと、認識することが人間にとって望ましく、有益だと強調される。よく考え、先を読んで、慎重に行動すれば、よいふるまいも可能になる。逆に、後先を考えず、軽率なふるまいに走れば、善からは遠ざかる。アリストテレスは、人間のある部分が魂であり、他の部分が身体であり、魂のなかでも理性や思考をあわせもつ部分こそがもっともすぐれていると見なしている。この部分が卓越した働きをすれば、望ましい事態が実現されるはずだというのが彼の見解である。

第3章では、望ましい生の実現のためには理知の働きを活性化することが必要であると、再度強調される。魂が目覚めていること、思考が活発に動くことこそが大切である。分別の力が弱く、魂が眠ったままであれば、人間はしばしば劣悪なことをしでかす。「ひとからよく見られたい」「名前を知られたい」といった欲望にとらわれて、「言語に絶する愚かさ」(50頁)に染まることにもなる。ひとはまた、肉体からほとばしる欲望に引きずられて残酷なふるまいにも及んでしまう。それゆえに、思慮をつくして危険な生に一定の秩序を与えることが大切だ。考える力を行使できれば、「われわれの生は、それが本来悲惨で、困難なものであろうとも、なお賢く整えられていて、他のものに比べれば、人間は神であると思われるほどなのである」(51頁)。

第6章は、哲学することの楽しさと喜びを生き生きと伝える章だ。知性に即して生きることこそが、もっとも楽しく生きることにつながるというアリストテレスの信念が語られる(76頁参照)。現実の世界では、われわれは愚かなことをしでかしたり、悲劇的な出来事に巻きこまれたりする。原因のひとつは、「こういうことをすれば、こういう最悪の事態になる」と思慮を働かせずに、発作的、衝動的に動くことにある。結果として、軽率な行動に走る者にも、その行動の犠牲になる側にも悔恨と苦痛の日々が残り、生きることが不快なものになる。アリストテレスによれば、そうした不快を遠ざけ、われわれの生を楽しいものにするのが理知の働きである。「魂に多くのはたらきがあるとしても、それらすべての中で最も本来的なものは、最も高度に理知をはたらかすことである。こうして、理知をはたらかすことと観照することから生じる楽しさこそ、唯一の、あるいはすべてにまさる、生きることから生じる楽しさでなければならないことは明らかだ」（82頁）。哲学することによって、楽しく生きて、真の喜びを感じとることができるというのだ（同頁参照）。哲学こそがひとを快楽に導くというのは、たいていのひとが思いつかないことだけに、いっそう新鮮に響く。

第7章は幸福論だ。アリストテレスが見てとっていたように、不幸になりたいと思って生きるひとはいない。だれもが幸福を求めて生きていることは疑いようがない。問題は、幸福をどう定義するかである。古代ギリシア人の多くのように、幸福を、お金や健康と若さ、外見の美しさ、友人と酒を酌み交わす青春の日々とむすびつけることもできる。アリストテレスは、幸福を理知、知恵、徳、善、最高の生きる喜びとつなげた。幸福に生きるためには、よく考え、知恵を磨き、よいふるまいをして、友だちと楽しく過ごすことが大切なのだ。とはいっても、それはたやすいことではない。われわれはつい先を読まずに軽率な行動に走って他人を傷つけ、その結果、自分も不愉快な思いをしがちである。アリストテレスの生きた時代もそうであった。「今日、われわれは真に善きことをおろそかにし、日常必要なことばかりを為しつづけているからだ」（87頁）。

そこで哲学の登場だ。「哲学することは、最も善きこと、われわれにとって最もふさわしいこととして、それに確固として参加する価値があるのだ」（87〜88頁）。哲学するのが最善というのだ。なぜなら、哲学は理知の働きを強調し、われわれに「よく生きること」を教えてくれるからである。よく生きるとは、生きることについてよく考え、思考を通じて生を幸福な生へと導くことである。

哲学と幸福をむすびつけるアリストテレスの考え方には、嵐でかき曇った空の一角に、つかのま現われる青い空のように、われわれをなごませるものがある。あまり考えず、漫然と生きていると、われわれの生は不幸の雲に覆われやすい。それを追い払って、生を楽しくするためには考える工夫がいるのだ。幸福は思考とともにやってくる。

アリストテレスの『弁論術』（戸塚七郎訳、岩波文庫、２０１３年［第25版］）は、後世の弁論術や修辞学に多大な影響をもたらした。３巻からなる。第１巻では、幸福、よいもの、より大なる善・利益について面白く語られ、第２巻では、怒り、温和、友愛と憎しみ、恥と無恥、妬みなどについての記述が興味深い。青年、老年、壮年の特徴分析や説得についての記述も含まれている。第３巻では、表現の技法が語られている。弁論における演劇的要素としての「声」についての語りが特に印象に残る。いずれ自己表現力や会話力を試されることになる大学生にとって参考になる点も多々含まれている。

アリストテレスは、第１巻第５章「幸福」で、当時のひとびとにとっての幸福について語っている。ほとんどすべてのひとに認められているものとして、以下のような定義があげてある。（１）徳を伴ったよき生、（２）生活が自足的であること、（３）安定性のあるもっとも快適な生、（４）財産が豊かで身体も恵まれた状態にあり、それらを維持し、働かせる能力があること（56頁参照）。当時と現代とひとびとの生活スタイルは大きく変わっても、幸福の定義はまったくといっていいほど変化していないのではないだろうか？

第6章「よいもの」では、よいものとはなにかについて述べられている。アリストテレスが例にあげるのは、幸福、正義、勇気、節制、寛大、鷹揚さといった精神の徳、健康、美しさ、富、友情、名誉、語る能力と行動する能力、恵まれた素質、記憶力、理解のよさ、鋭敏さ、知識・技術などである（67～68頁参照）。「それの反対が悪であるものは、よいものである」（68頁）。これらの例を、自分や周囲の人間の具体的なふるまい方と重ねあわせて観察し、考える習慣が身につくと、幸福の意味も少しずつ明らかになってくるだろう。

第2巻第12章「年齢による性格（1）――青年」では、アリストテレスの青年観が興味深い。青年の欲望についてはこう語られる。「身体に関わる欲望の中でも特に性的な欲望を追い求めがちで、自分でこれを抑制する力がない。また、欲望に対しても気移りし易いし、飽き易く、激しく求めるかと思えば、さっと止んでしまう」（224頁）。青年の特徴としては、「激しやすい」「短気」「衝動に流されやすい」「プライドが高い」「他に抜きんでたがる」などの点があげられている。面白い表現が見つかる。「彼らは、世の醜悪なところをまだ見ていないため、気立ては悪くなく、むしろお人好しであるし、まだ色々と欺かれたことがないので、人を信じ易い」（同頁）。昔も今も、青年は変わらないということだろうか。この時代の青年たちが急に身近なものに思えてくる。

その他の特徴をいくつかあげてみよう。「気力にあふれ、希望に燃えている」「気持ちが大らかで、まだ卑屈ではない」「損得勘定よりも、品性にしたがって生きている」「他の年配に比べ、友人や仲間を愛し、共に暮らすことを悦ぶ」「行動に行き過ぎがあり、失敗しやすい」「腹黒いところがない」などである（225〜226頁参照）。学生時代の友人は生涯の友となると言われるが、社会人になると用心深くなり、裸のつきあいは薄れ、真の友人はできにくい。青年はすれていないだけに失敗することも多いかもしれないが、友人と親しく交わり、輝かしい季節を生きている、アリストテレスにはそう見えた。

第13章「年齢による性格（2）――老年」では、盛りを過ぎたひとびとの特徴が細々と描かれている。騙されたり、失敗を重ねてきた老人は断定を避ける。ひがみ根性や猜疑心が強くなる。他人を信用しなくなる。生活のため卑屈になり、こころも狭くなり、けちになる。臆病になり、先々に不安を抱くようになる。生への執着が強くなる。必要以上に自己中心的になる。希望を失う。品性よりも損得勘定で生きる。愚痴をよくこぼすようになり、洒落をとばしたり笑ったりすることもなくなるなどである（227〜230頁参照）。アリストテレスが描くような老人になりたくなければ、若いときから賢く生きる工夫をこらすべきだろう。

小林正弥の『アリストテレスの人生相談』（講談社、2015年）は、「生きること」がどういうことか分からなくなったり、生きることにつまずいて悩んだり、絶望的になったりしやすい青年に生きるヒントを与えてくれる本である。路上の交通信号や山道の標識は進むべき方向を指し示してくれるが、われわれの人生には明確な道標がない。生き方やふるまい方を丁寧に教えてくれるひとも少ない。そこで、困ったときに頼りになるのがアリストテレスである。

小林は、アリストテレスを「生きる方法」の教師と見なしている。小林によれば、生き方を教わったことがなければ、しばしば人生において迷い、苦しむことになる。生き方を知らない人間は、いわば海図を持たずに航海に出る船のようなものである（2頁参照）。「本当は、若い頃から『人生の教科書』のような本を読み、それを出発点にして人生を歩み始めたほうがいいのです」（3頁）。小林は、太字で強調している。「**アリストテレスは難しい哲学の教師であるだけでなく、人生の優れた教師でもある。だからこそ私たちは、アリストテレスから、人間としての善い生き方、優れた生き方を学ぶことができるのです**」（6頁）。

この本は、序章と9章からなる。小林は、編集者が読者に代わって出した質問（Q）に答えるかたちで話を進めている。質問は全部で70ある。例をあげてみよう。「アリストテレスのいう**真の幸福**とは、どのような状態なのでしょうか？」（Q1）、「**大学や高校**で天職は見つけられるのでしょうか？」（Q18）、「電車や街中で、**乱暴な若者**を叱るべきでしょうか、許すべきでしょうか？」（Q30）、「賢慮があれば**異性関係**にも波風は立たないのでしょうか？」（Q51）、「友の**裏切り**を許すべきでしょうか？」（Q58）などである。われわれがときに疑問に思うことや、身近で遭遇する出来事が質問に組みこまれている。

第1章「**善き生――人生の目的とは何か？**」のなかでは、もっとも善いことをして幸福になることが人間の目的にかなうというアリストテレスの倫理的幸福論が示されている。問題は、「善き生」をどのようにして実現するかである。この本には、それを考えるヒントがいくつも隠されている。第2章「**幸福の原理——自己実現の完全メソッド**」は、アリストテレスの幸福論の特徴を簡潔に記述している。アリストテレスによれば、人間は、植物や動物と違って、魂の卓越した働きとしての理性にもとづいて行動できる。この働きに支えられた活動が幸福にむすびつく。「彼の幸福原理は、人生全体における『最高の美徳に基づく魂の活動＝幸福＝最大の目的』なのです」（94頁）。悪徳商人のふるまいは他人を悲しませ、不幸な事態を招きかねないが、美しい徳を身につけたひとのふるまいは、そのひとだけでなく、まわりのひとをも快い状態にする。それこそが幸福だというのがアリストテレスの信念である。

ひとを幸福にする美しい徳は、だれにでもひとしく潜在しているものだ。それは、自分や他人のふるまいを見つめながら、ふるまい方を学んで生きる習慣のなかで顕在化してくるものなのだ。その習慣が欠けたままの生活だと、ふるまいは粗野なままにとどまる。

アリストテレスは、生きもののうちに「潜在的なもの、素質」がやがて「現実的なもの」になる成長の過程を見てとった。どんぐりの種は、しかるべき環境のもとでは樫の木に成長する。まぐろの稚魚には巨大な魚に育つ可能性がはらまれている。ひとにもそれぞれ固有な資質が潜在し、それは本人の努力や環境によって開花する。小林は、アリストテレスのこうした成長論をひとの幸福論とつなげてこう述べている。「自分の資質の特色ないし個性を見極め、それに向いた仕事や役割を見つければ、幸福を実現できるはず」（118頁）。

第3章「**天職と運命——幸せになるための仕事の見つけ方**」は、自分がどんな人間で、なにをするのに向いているかを慎重に見極めて、職業の選択をしなければならない大学生にとって有益な章である。

第4章「**中庸——東洋思想も西洋哲学も示す幸福への近道**」は、徳と善と美を密接に関連づけて考察したアリストテレスの幸福論を明快に説明している。小林は、アリストテレスの言う美徳をこうまとめている。「『美徳とは、幸福を実現するために最も重要な魂の性質であり、それを身に付けるということは、幸福になる方法を習得することに他ならない』」（158頁）。美徳は知識として教えられるものではない。ひととの交わりから、心地よいふるまいやぶしつけな言動とはどのようなものかを学び、自分の愚かなふるまいがひとにどのような影響をもたらしているかを推測し、よいふるまいを心がける習慣こそが美徳を育てるのだ。人間のふるまいは、しばしば、「過剰な運動や運動不足、食べ過ぎや飲み過ぎ」（162頁）といった両極端に向かいやすい。それを観察して、アリストテレスは中間を選ぶのが最善だという「中庸説」を述べた。状況に応じて過剰や過不足を避ける「賢慮」が働けば、幸福実現の可能性は増すだろう。

第6章「**お金と振る舞いの美徳——マナーを磨いて上質な人生を**」は、醜いふるまいをし、悪質な人生を過ごしやすい凡人に対するアリストテレスの忠告を手際よくまとめた章だ。アリストテレスによれば、幸福に生きるためには精神に磨きをかけるだけでは不十分であり、マナーやエチケットといった他人の目に映るしぐさをきれいなものにする必要がある。幸福はひととひととの間で花開くものなのだ。

この本には、よく生きるヒントが満載である。生き方に悩んだり、わずらわしい人間関係に消耗しやすいひとは、ぜひ手に取って読んでほしい。

8月―2
植物と土と水
―未知の世界へ―

植物は、せわしなく動き回っているひとを、じっと静かに見つめている。忙しいひとは、立ちどまって、道端の草に目を向けたり、頭上のイチョウやケヤキの樹を見あげて植物の時間に思いをはせたりはしない。あちこちを移動しているとき、その運動を支えている地面や、その上を歩くひとのことを考えてみることもめったにないだろう。植物園や庭や公園といった特別の場所以外では、植物も土も水もあまりひとの注意を引かないように思える。

植物に対するわれわれの蒙をひらく画期的な本が出版された。ステファノ・マンクーゾ＋アレッサンドラ・ヴィオラの『植物は〈知性〉をもっている　20の感覚で思考する生命システム』（久保耕司訳、NHK出版、2015年）だ。原題は、VERDE BRILLANTE: Sensibilità e intelligenza del monde vegetale（輝く緑～植物界の感覚と知性）であり、2013年に出版された。マンクーゾはフィレンツェ大学の教授で、同大学付属の「国際植物ニューロバイオロジー研究所」の創設者兼所長（2015年現在）である。人間の植物に対する無知と傲慢さを批判し、われわれに植物とかかわる態度の変更をせまる一冊だ。

ジャーナリストで、カリフォルニア大学バークレー校の教授であるマイケル・ポーランが、2015年の英語版に序文を寄せている。彼は言う。「私たちは、人間の驕りという高い垣根を想像力で飛び越える必要がある。さもないと、自分たちが植物に完全に依存しているということも、植物は見た目ほど〝受け身〟ではなく、むしろ彼らの世界、さらには私たちの世界のドラマにおける〝したたかな主人公〟なのだということも、理解できないだろう」(9頁)。ポーランは、この本を読めば、われわれが動物の専売特許と信じている「知性」や「学習」「記憶」「コミュニケーション」の力が植物にも共通していると確信できるだろうと述べている(10頁参照)。序文はこう締めくくられている。「二、三時間ほど、慣れきった人間中心主義を忘れて、豊かで驚異に満ちあふれた別世界へと足を踏み入れてみよう。けっして後悔することはないだろう。その世界から戻ってきたときには、あなたの考えは以前とはがらっと変わっているはずだ」(11〜12頁)。

この本は、「はじめに」で始まり、「問題の根っこ」「動物とちがう生活スタイル」「20の感覚」「未知のコミュニケーション」「はるかに優れた知性」の全5章をへて、「おわりに」で閉じられる。「はじめに」のなかで、動けなくなり、「かろうじて生きている状態」(18頁)にあるひとのことを、平気で「植物人間」と呼ぶ人間の植物に対する傲慢ぶりが批判される。

第1章では、ヨーロッパを中心にして、人間が植物を見くだしたり、持ちあげたり、神聖視したり、悪魔呼ばわりしてきた複雑な歴史の諸相が描かれている。その一例を示す文章を引用してみよう。「キリスト教の異端審問で魔女として告発された女性たちは、植物を使って秘薬を作っていると信じられていた。そのため魔女たちといっしょに、なんと、にんにく、パセリ、フェンネルまでもが裁判にかけられたのだ!」(24頁)。デモクリトスやアリストテレスの相対立する植物観の一端や、ダーウィンの植物研究についても紹介されていて興味深い。

『旧約聖書』の「創世記」は、「初めに、神は天地を創造された」という一節で始まるが、この章の冒頭には、それをもじって、「はじめに緑があった。つまり植物細胞の混沌があった」（19頁）という一文が置かれている。著者は、動物よりも植物を過小評価する人間の傾向に異議を唱え、「地球上で生物が生きていけるのは植物のおかげであるという事実」（24頁）を再認識すべきだと幾度となく強調している。

第2章の根本的な問いかけはこうである。「どうして植物は人間にとって、原料、栄養源、装飾品でしかないのだろうか？　私たちが植物への一面的な見方を捨て去ることができないのは、なぜなのだろうか？」（46頁）。その理由のひとつとして、われわれが植物の進化の歴史を知らないという点があげられている。話は、植物と動物が分化しはじめた5億年前の世界に戻る。この太古の時代に、植物は定住を、動物は移動を選択し、植物は、地面や空気、太陽から、生きるために必要なものを得るように進化した。その過程で、植物は、自分の体を分割可能なパーツを組み合わせたモジュール構造にし、肺がなくても呼吸でき、口や胃がなくても栄養が摂取でき、骨格がなくても直立できるようにし、脳がなくても判断できるようにした（55〜56頁参照）。「植物は本当は人間と同じように、長い進化プロセスを経て洗練された、社会的な生物だ」（58頁）。

地球上の生物量のなかで、植物は99・5％を占め、人間も含めて動物は0・1〜0・5％しか占めていないという（63頁参照）。植物は酸素をつくり、動物の住める環境を用意し、食料や薬品の原料になって、人間の生存を支えている。われわれは植物のおかげで、かろうじて生きられているのだ。

第3章は、植物が、人間の5感覚（視覚、嗅覚、聴覚、味覚、触覚）以外に、15もの感覚をもっているという話だ。動物のようには動かない生き方を選択した植物が、生きぬくために必要な戦略とは、まずは感覚を研ぎすますことらしい。植物の「屈光性（光をめざして動く性質）」や、「避陰反応（日陰からの逃走）」については知られているが、根には光から遠ざかろうとする「負の屈光性」がある。根は暗闇を求め、茎のいくつかの部分は、秋になると「目を閉じて」眠りにつくとのことだ（76～78頁参照）。においに敏感な植物もあれば、自分でにおいを出す植物もある。植物は、上に伸びていくと同時に、自分を支えるために根を地中深くに広げていかねばならない。そのために、植物特有の味覚を駆使して、特定の化学物質を探しだし、それを栄養素として取りこんで成長している。

植物は、地面の湿りぐあいや、遠くの水源、さらに、重力や磁場を感知でき、空気中や地中の化学物質を正確に測定できるという。植物には、人間が作りだした危険な有害物質を無害化する驚異的な能力も備わっている。

植物のコミュニケーションの多様なスタイルについて述べた第4章は、この本のなかでもっとも刺激的である。植物は、それ自身の内部では、電気信号や、水、化学物質を信号として使っているという。植物同士では、空気中に無数の化学物質を放出したり、独自の姿勢をとったり、接触を避けたりして相互にコミュニケーションをとっているらしい。植物はまた、「根圏（根が触れている土壌の範囲）」の生物（微生物、細菌、菌類、昆虫など）すべてと交わり、動物との交流も活発に行なっている。

第5章は、われわれに知性概念の拡張を迫る章だ。著者は、知性を「問題を解決する能力」（165頁）と定義すれば、その能力をもつ植物は十分に知性的な存在だと断言する。知性は人間の特権的な能力などではないのだ。「あらゆる植物は、大量の環境変数（光、湿度、化学物質の濃度、ほかの植物や動物の存在、磁場、重力など）を記録し、そのデータをもとにして、養分の探索、競争、防御行動、ほかの植物や動物との関係など、さまざまな活動にまつわる決定をたえずくださなければならない。植物のこうした能力を知性といわずしてなんといえばいいのだろう?」（172頁）。この章では、晩年まで植物への関心をもち続けたダーウィンの根端に関する研究についても詳しい記述があり、進化論以外のことをあまり知らない者には、示唆的である。

「おわりに」で、スイスの「ヒト以外の種の遺伝子工学に関する連邦倫理委員会」によって、2008年末に「植物に関する生命の尊厳――植物自身の利益のための植物の倫理的考察」と題する報告書が提出されたことがしるされている（204頁参照）。植物にも敬意を払う時期が到来しているということのようだ。インドの科学者で、インド現代史に大きな足跡を残したジャガディッシュ・チャンドラ・ボース（1858～1937）のことばが引用されている。「これらの樹木は、われわれと同じ生命をもっており、食事をし、成長し、貧困にあえぎ、苦しみ、傷つく。盗みをはたらくこともできれば、助けあうこともできる。友情を育むこともできれば、自分の命を子どもたちのために犠牲にすることもできる」（205頁）。

この本を読み終えたあと、われわれは植物に対する偏見や固定観念を捨て去っている自分に気づくだろう。目の前には、親しい隣人として植物とつきあうあらたな道筋が示されている。

藤井一至の『大地の五億年　せめぎあう土と生き物たち』（ヤマケイ新書、２０１５年）は、「土のすごさ」を教えてくれる一冊である。同時に、土とのつき合いかたを誤ると人間の未来が危うくなることを警告する本である。日ごろ、農業や園芸などで土に親しんでいるひとでも、土に多様な色があり、５億年の歴史があることなどを知るひとは少ないだろう。著者によれば、human（人間）の由来は、humus（腐植）、つまり土であり、われわれの身体に必要なリン、窒素、カルシウムなどは土から供給されているという（18頁参照）。まさに、「土はいのちのみなもと」なのである。

著者の専門は、土壌学および生態学で、日本の各地や、インドネシア、タイの熱帯雨林、カナダの永久凍土などに出かけ、珍しい生き物を求め、スコップ片手に土を採集する日々を過ごしているという。

本書は、プロローグ「足元に広がる世界」に始まり、「土の来た道：逆境を乗り越えた植物たち」「土が育む動物たち：微生物から恐竜まで」「人と土の一万年」「土の今とこれから：マーケットに揺れる土」の全4章と「あとがき」からなる。

第1章は、5億年の歴史を概観している。45億年前に地球が誕生し、土壌が誕生したのは5億年前だという。この時期に生物が陸上に進出したが、大地は不毛な岩石砂漠だったと考えられている（18頁参照）。そこにどのようにして土が誕生したのか。著者の説明を引こう。「地球では、岩石からつくられた粘土や砂の上に、植物が死ぬとパタパタと堆積し混ざり合う。これが土である。植物が存在する地球にのみ土がある」（36頁）。土の起源が植物だとすると、岩石をすみかとし始めた植物がいたということになる。「岩石の露出する荒涼とした大地において、進化の末にタフさを獲得したコケと地衣類が最初の開拓者だった」（38頁）。かれらは、「さらに1億年かけてこつこつと水辺に砂や粘土を堆積してきた」（40頁）。その後のシダ植物の繁殖によって、4億年前に本格的な土壌が誕生したという（同頁参照）。

第2章は、土によって育てられる植物や微生物、ヒトの活動についての具体的な記述が多く、興味深く読める。ざっと各節の見出しをあげてみよう。「ウツボカズラの戦略」「シロアリとヒトの仁義なき戦い」「微生物の持つ酵素の力」「瀕死の微生物たち」「ミミズの王様と腸内細菌」「土を食べる奇行」などである。「え？」と驚くような例をひとつだけ引用してみよう。著者によれば、ミミズとヒトの腸内細菌はよく似ており、酸素が欠乏した条件で発酵を担う細菌が多いという（111頁参照）。生物学的な研究にも熱意を注いだアリストテレスは、ミミズを「大地の腸」と名づけていたそうだ。「2000年という時を超え、腸内細菌も機能もヒトの腸にそっくりだということが、遺伝子レベルで証明された」（111頁）。

第4章は、土の専門家がこれまでの研究の成果を分かりやすく伝えている。急速に進む地球温暖化や森林伐採、酸性雨などに関する報告は、文明の切迫した危機を指し示している。著者は、おしまいの方でこう述べている。「本書を要約すれば、決して楽園ではない土に、必死に居場所と栄養分を求めてきた植物・動物・人間の試行錯誤の歴史の末に今がある、ということになる。（中略）生き物たちの歴史は、『自然との共生』という生やさしい言葉で収まるものではなく、土をめぐる競争と絶滅の繰り返しであった。私たちの生活も、この自然の摂理と無関係ではなく、土を保全しなければ文明が崩壊することは歴史が教えてくれている」（220頁）。著者は、破滅を回避するためのひとつのヒントを読者に投げかけて、第4章をむすんでいる。「先人のまいた種を育てつつ、新しい種をまく。それは国家や企業、農業まかせではなく、審査員でもある私たち消費者が食卓を見つめ直し、スーパーマーケットの商品の裏側をにらむことからはじまる」（221頁）。

5億年という時間スケールのなかで、日ごろ、あまりスポットライトを浴びることのない土の力を浮き彫りにした本書は、文明のたそがれの時期を生きることになるかもしれない若い世代に特に読んでほしい。身近な食卓を見つめ、その背後の現実を洞察し、賢い消費者になることは「新しい種をまく」ことにつながると、著者とともに期待したい。

北野康『水の科学[第三版]』（NHKブックス、2009年）は、「水ほどありふれたものはない。しかし水ほど不可思議なものもない」（9頁）という思いを胸に、長年にわたって水と向きあってきた研究者の総決算の書である。この本は、初版刊行以来、40年にわたって内容を更新して版を重ねている。「まえがき」に、著者（86歳）の執筆の覚悟と願望が表明されている。「私がこの60年間感動し切ってきた、地球の自然自体の言語に絶する見事な美しく微妙なバランス、それがあればこそ私たちは生存できるのであり、その限りなく優しい自然の一面を、急がばまわれ、情緒的・定性的ではなく、数値を示して定量的に、一人一人の方々に理解してもらえるように私の残された時間と体力を使うべきだということであった。自然のすばらしさを理解していただいて、各自が地球環境問題への各自の対応を決め、行動して欲しいと念願するのである」(11頁)。

本書は、第1章「序論」に始まり、「地球における水の存在」「地球生物の誕生と進化」「現在の地球における生物生存場の物質像」「氷床コアが示す古代の地球大気の物質像」「地球大気の起源と進化」「海水の起源と進化」「地球温暖化という課題」「酸性雨」「環境ホルモンと水」「忍び寄る水資源の危機」の全11章からなっている。後半では、深刻な水問題に関連する貴重な報告がいくつもなされている。自然科学の記述に慣れないひとには少し読みづらいところもあるが、いずれの章にも図や表が載っていて、事実を正確に理解することができる。

著者は、旧制中学の「〝初めに法則ありき〟」(251頁)式の、一方的な知識伝達型の物理と化学の授業についていけず、やる気をなくしていたときに、寺田寅彦のつぎのような文章に出会う。「『頭がいいと思い、利口だと思う人は先生になれても科学者にはなれない。科学者は物分かりの悪い呑み込みの悪い朴念仁でなければならない。頭の限界を自覚して、大自然の前に頭の悪い自分を投げ出して飛び込み、大自然の直接の教えにのみ傾聴する覚悟があって初めて科学者になれる。科学者になるには自然を恋人としなければならない。自然はその恋人にのみ真心を打ち明けてくれるものである』」(同頁)。寺田によって自然科学の道へと後押しされた著者の最終報告が、『水の科学[第三版]』である。

9月—1
21世紀の動向を考える
—新書で読む世界・日本・人間—

われわれは
どこから来て
どこにいて
どこに行くのか
Gauguin's words

今後の日本や世界はどの方向に向かうのか、地球環境はどう変わるのか。さまざまなひとが、それぞれの立場からいろいろな予測を行なっている。いくつかの予測は当たるかもしれないが、予想外のことも次々とおこるだろう。先行きはまったく不透明である。画家ゴーギャンが大作のタイトルとしたあの有名な「われわれはどこから来て、どこにいて、どこに行くのか」という問いかけは、あらゆる時代を通じた人類共通の問いである。とはいえ、不安だけをかかえて、なんの見通しももたずに生きることはできない。なんらかの指針が必要だろう。それを与えてくれるのが、幅広い視野と見識をもったひとびとである。今回は、彼らの見解の一端に触れてみよう。

エマニュエル・トッドの『問題は英国ではない、EUなのだ　21世紀の新・国家論』（堀茂樹訳、文春新書、２０１６年）は、世界の各地でおきている出来事をその歴史的な背景とともに理解するためには格好の一冊である。

エマニュエル・トッドは１９５１年に生まれた。作家のポール・ニザンは祖父にあたる。トッドは、歴史人口学者、家族人類学者であり、国や地域によってことなる家族システムや人口動態に注目した研究をすすめている。

冒頭に置かれた「日本の読者へ――新たな歴史的転換をどう見るか?」のなかで、トッドはこう述べている。「現下の歴史的転換は、経済に関する転換である前に、その基盤において家族、人口、宗教、教育に関する転換です。大学の優先的課題の一つは、大学が提示する課程、資金を投入する研究の中に、人類の人類学的要素、宗教、教育、芸術などの変容の内部に経済史を組みこむような経済史へのアプローチを再導入することであろうと思われます」(10頁)。今日の大転換を、さまざまな要因が絡みあった多次元的、複合的な現象として把握していくことが必要だと強調しているのである。

本書は、つぎのような構成である。1「なぜ英国はEU離脱を選んだのか?」2「『グローバリゼーション・ファティーグ』と英国の『目覚め』」、3「トッドの歴史の方法——『予言』はいかにして可能なのか?」4「人口学から見た2030年の世界——安定化する米・露と不安定化する欧・中」、5「中国の未来を『予言』する——幻想の大国を恐れるな」、6「パリ同時多発テロについて——世界の敵はイスラム恐怖症だ」、7「宗教的危機とヨーロッパの近代史——自己解説『シャルリとは誰か?』」。世界各地でおきていることの原因や歴史的な背景、今後の見通しなどに関して、幅広い研究と洞察にもとづく卓見が述べられている。

「イギリスのEU離脱[Brexit]は、世界規模で起こっているある一つの大きな現象の一部分であり、(中略)これは、アメリカ、カナダ、オーストラリア、日本を含む最先進国全体に関わる現象です。すなわち、分散・不一致という現象です」(21頁)。トッドは、家族構造の人類学がそうした現象の原因を明らかにしてくれると述べている。トッドは、イギリスのEU離脱を2015年に出版した本『「ドイツ帝国」が世界を破滅させる』(文春新書)のなかで予言していたそうだが、この本では、それ以後のヨーロッパの状況変化を予測している。

3「トッドの歴史の方法」は、2016年に芦ノ湖畔のホテルで収録されたもので、トッドが自分の知的遍歴を生き生きと語っている。子供の頃から歴史の観察に強く惹かれてきたという（79〜80頁参照）。彼は、「人間とは何か？」という観念的な問いから出発することよりも、外の現実に触れて考えることの大切さを強調してこう述べる。「なぜ知的なエラーが起きるのか？　いきなり『人間とは何か？』と自問して、観念から出発するから歴史を見誤ってしまうのです。そうではなく、まず無心で歴史を見る。すると、むしろ歴史の方が『人間とは何か？』という問いに答えてくれます。何よりも歴史を観察することが大事です」（81頁）。

トッドは、大学で歴史人口学の面白さに目覚める。地域ごとにことなる乳児死亡率、出生率、自殺率、識字率といった数値の比較を通じて、社会の多様性にも目が開かれていく。トッドは、歴史は目に見えるものではないが、そうした数値こそが歴史の趨勢を教えてくれると述べる（85頁参照）。歴史家は多くのデータを集め、多くの資料を読まなければならない、これがトッドの確信である。トッドはその作業を通じて、家族構造とイデオロギーおよび経済体制の間の関係を発見したという（91頁参照）。彼は、その後、地球上の家族構造を分類し、農村社会の家族構造を調べれば、近代以降の各社会のイデオロギーを説明できるという仮説を検証した（92頁参照）。

今後の世界になにがおこるかを予測するためには、これまでにおきた出来事、現におきていることを注意深く見つめなければならない。トッドの発言はその手がかりを与えてくれる。

山岸俊男＋メアリー・C・ブリントン『リスクに背を向ける日本人』（講談社現代新書、２０１０年）は、日米の研究者による日本社会をめぐっての対談をまとめたものである。山岸俊男は社会心理学者で、人間のこころと文化と社会の関係を、認知科学や心理学、社会学、経済学の知見を踏まえ、実験や調査を通じて総合的に研究している。メアリー・C・ブリントンは社会学者で、ジェンダーの不平等、教育、日本社会などを研究テーマにしている。１９９０年代に日本に長期間滞在し、経済状況の変化と若者の雇用環境との関連を調査・研究した。

本書の目次は以下の通りである。第1章「日本を覆う『リスク回避傾向』」、第2章「はしごを外された若者たち」、第3章「どこで自分を探すのか？」、第4章「決められない日本人」、第5章「空気とまわりの目」、第6章「なぜ日本人は子どもを産まないのか？」、第7章「グローバル化の意味」、第8章「女性の能力を生かすには」、第9章「ジャパン・アズ・ナンバースリー」。

本書の対談の中心的なテーマは、ニートやひきこもりに見られる若者の「リスク回避の傾向」が、若者にとどまらず、日本社会全体を特徴づけているということである（7頁参照）。日本社会では、さまざまなリスクが大きすぎるために、若者も大人もリスクを回避せざるをえないという指摘である。常識的には、アメリカ社会の方が日本社会よりもリスクが大きいと見なされているが、現実にはその逆だというのがふたりの共通認識である。アメリカでは、失業してもあたらしい働き先を見つけることができるが、日本ではやりなおしがむずかしく、それゆえにリスクを避ける傾向が強まるというのである。22頁には、２００５年から08年にかけて世界中で実施された「世界価値観調査」の結果がグラフで示してある。それによると、自分が冒険やリスクを避けるタイプだと思っているひとのパーセンテージは、日本人が世界一である。

第2章では、ふたりが日本の現状を「リストラの恐怖」と関連づけて話題にしている。山岸は言う。「リストラされたら先がないという恐怖が、日本人を萎縮させてしまっているというのが、いまの日本が元気のない最大の理由」（35頁）。メアリーが同調する。「アメリカ人にとっては、（中略）リストラは苦しくてもあたりまえのことです。だから、リストラされても絶望するわけではなくて、また新しい仕事を探します。だけど日本人にとってリストラは、それで終わりって感じですね。リストラの深刻さが全く違います」（同頁）。メアリーは、リストラを次の雇用へのセカンドチャンスと積極的にとらえるタイプのアメリカ人を念頭において、若者には「『場』に帰属しすぎない生き方」（37頁）を求めている。終身雇用が崩れた社会では、日ごろからコミュニケーションの力を鍛え、転職する場合にはその力を活用する姿勢が大切だという。彼女は希望を語る。「アルバイトや非正規雇用イコール悪と決めつけず、一ヶ所にとどまらなくても、実力さえあれば必ず次の仕事が見つかる環境と、それを認める社会が出来上がってくれれば、今までよりは少し余裕のある社会に成熟していくのではないでしょうか」（40頁）。

「プロモーション志向」と「プリベンション志向」という心理学用語を用いた日本人とアメリカ人の比較論が面白い。前者は加点法的な考え方で、後者が減点法的な考え方である。まわりの人間をうまく動かしてなにかを得ようとするゲーム・プレイヤーは前者に該当する（46頁参照）。山岸は言う。

「ゲーム・プレイヤーでない人たちというのは、プリベンション志向の強い人たちだと言ってよいでしょう。自分がめざす目的を達成するためにほかの人たちを動かすというよりは、まわりの人たちから嫌われたらやっていけないのではないかという不安から、他人から嫌われたり、社会関係を失わないことだけに気を取られてしまっている人たちです」（同頁）。山岸によれば、ひきこもりは究極のプリベンションである。他人から嫌われないための最大の防御は、外に出てひととつきあわないことだ。だが、ひきこもる若者が増える日本社会で、「プリベンション志向」の意義を強調しても、ぬかに釘でしかない。ではどうするのか。ふたりの対談は、社会の仕組みを変える方策の方へとシフトしていく。

第3章は、アメリカの大学に留学する日本人の数が激減している現状とその理由について対談が始まる。若者の「プリベンション志向」やひきこもりの話ともつながる。山岸は、内向きの世界に閉じこもった状態を外へと開くような思考を力説する。「日本の人たちが何の疑問も感じないまま当然のこととして受け入れている現実が、実はそれほど当然のことじゃなくて、もっと違った考え方とか生き方とかがあって、それは今の日本ではいけない生き方であるとか、間違った考え方であるとか思われているんだけど、そういう生き方や考え方だっていいんじゃないかと見直してみることだってできるんだよって、そういうことが言いたいんです」（66〜67頁）。メアリーも外向きの思考の意義を強調している。「アメリカでの自分探しは、自分の内側ではなく外側に目を向けるやり方に変わってきているんだと思います。自分を見つけるために、世の中と積極的にかかわっていくというやり方です。ともかく、“trial and error”（トライアル&エラー）が重要ですね。それで、失敗したり悩んだりしながら、自分自身が何を望むか、何が得意なのか、だんだん分かるようになる。それは行動を起こすことによってしか理解できないし、時間がかかる。だからセカンドチャンスをとって、もしかしたらサードチャンスもとることによって、徐々に分かるようになるんです。そういう意味で、外側を向いた自分探しのためには、いろいろと試してみて、そのために頑張るし我慢もします」（76〜77頁）。

本書の日本人論、日本社会論は、有益な示唆に富んでいる。自国を外側から見つめる経験をもつふたりの対談にぜひ耳傾けてほしい。

酒井雄哉＋池上彰『この世で大切なものってなんですか』（朝日新書、２０１１年）は、分かりやすい解説で定評のあるジャーナリストの池上彰による、比叡山のお寺の住職である酒井雄哉への問いかけとその返答をまとめたものである。酒井は、千日回峰行を二度満行し、大阿闍梨の称号を与えられた。千日回峰行という心身を賭した荒行は7年を要する。3年目までは比叡山中を1日30〜40キロの道のりを毎年１００日歩き、4〜5年目は毎年２００日歩く。その後、不動堂に9日間こもる。その間は、断食、断水、不眠、不臥で不動明王の真言を10万回唱える。「お堂入り」の難行が無事終わると、6年目に1日60キロ、7年目には前半１００日85キロ、後半１００日に30〜40キロ歩くという苦行である。とりわけ過酷な行が「お堂入り」である。先人の僧侶の経験をもとに、死の手前の9日間がこの行の限界日数とされてきた。千日回峰行は、おのれの身体を極限まで追いつめる過程で、おのれのこころの裸とも直面し、仏を感じ、仏との対話を生きる孤独な修行である。この行をなしえた僧侶には、常人にはうかがい知れない体得の境地がおとずれる。

本書の目次を見てみよう。第1章「生きることはなぜ苦しいのですか」、第2章「幸せと豊かさってなんですか」、第3章「人はなぜ争うのでしょうか」、第4章「絆ってなんですか」、第5章「人は死んだらどこへ行くのでしょうか」、第6章「どうすれば仏の存在を感じることができますか」、第7章「この世でいちばん大切なものってなんですか」。

人生の苦しみに対してどのような姿勢で臨めばいいのかという池上の問いに、酒井は答える。人生は苦しいことばかりではなく、よいこともあり、両方がくるくる回っている。苦しいこと、修羅場を経験するとこころが成長し、ことばも本物になる（15〜20頁参照）。

「お堂入り」の行は、凡人には無理としか見えない。9日間「断水」する苦しみも想像を絶するものがある。酒井は言う。「無理かもしれない。でもやっちゃうんですなあ。人間は底知れない力を持っていて、生命力っていうかな。もうだめだという時、自分を超える自分が出てくる。姿かたちは見えないが、心の中に。もしかしたらそれが仏様の存在じゃないかと思います」（29頁）。

欲や悪の誘惑にそそのかれやすい人間については、こう語る。「人間のやっていることですから、どうしたって葛藤があるわけで、背中には常に悪がくっついてささやく、よいことをやっているつもりでいても、油断していると悪いほうのやつがちょっかいを出してくるわけですよ。行をさせてもらうなかで、人間はたいしたことないよなあと思い知らされ、仏様からいろいろなお知恵を授かるんです」（33頁）。

酒井は、もっとも大切なことを、さらりと口にしている。「せっかく仏様からいただいた命なのだから、あきらめずに、なにごとも前へ進むことでしょうなあ」(39頁)。いのちは私のものではなく、仏様からのプレゼントである。だから、I am present (出席しています) は、いのちを授かってここに在るということなのだ。他力の自覚につながる考え方である。他方で、生かされてあることに感謝しつつ、時代を生きぬく力を鍛え、自力独行することも必要である。酒井は、他力と自力の両面を見つめつつ、こう述べている。「生まれてきた意味、それはこの壮大な宇宙の中で、地球という星に誕生させていただいて、仏様からお前ちょっと世の中のためになにかいいことをしてきなさいと放り込まれたんじゃないかと思うんですよ」(171頁)。

自分探しと自己実現、つねに成功することと幸福になることとの強迫観念にとりつかれて生きているのがわれわれ人間というものだろう。それをくるりとひっくり返して、仏様の視点に立って見ることを酒井は提案しているのだ。それは悟りへのほんの小さな一歩であると同時に、われわれを幸福へと導いてくれる近道なのかもしれない。

9月—2

抵抗することと志を持続させること

——イラン・ロシア・シリアからの報告——

アーザル・ナフィーシーの『テヘランでロリータを読む（新装版）』（市川恵里訳、白水社、2017年）は、イスラーム革命（1979年）後の18年間をイランで過ごした経験を回想したものである。この間にはイラン・イラク戦争（1980〜1988）が勃発しており、無数の市民も犠牲になっている。冒頭に、チェスワフ・ミウォシュの「アンナレーナ」からのことばが引用されている。

この世で起きたことをだれに話そう
だれのためにぼくらは至るところに巨大な鏡を置くのだろう
鏡のなかがいっぱいになり、その状態が
つづくのを期待して

ナフィーシーは、イランに生まれ、欧米で教育を受けた。革命直後に帰国し、テヘラン大学で教えた。革命後のイランは、超保守的なイスラーム教指導者による圧政のもとにあった。市民の自由は制限され、女性たちの日常は絶え間ない抑圧と恐怖、屈辱に支配され、反体制派には苛酷な弾圧と粛清が課されていた（477頁参照）。訳者によれば、ナフィーシーの教え子のなかにも、政治活動で何年も投獄された学生や、獄中で処刑された学生がいるという（478頁参照）。彼女自身も、1981年には、ヴェールの着用を拒否したという理由で同大学から追放された。その後別の大学で英文学の講義を担当したのち、1997年に渡米し、現在（2017年）はジョンズ・ホプキンズ大学国際問題研究大学院の客員教授として、文化と政治の関係について教えている。

本書には、彼女が経験した戦争の現実や、現におきていることに対する思いがことこまかにしるされている。作家のスーザン・ソンタグは、本書を評してつぎのように語った。「急進的イスラームによる女性への迫害にみずから公然と反抗し、また他の人々の抵抗にも力を貸した経緯を物語るアーザル・ナフィーシーの報告に、私は心を奪われ、感動した。彼女の回想録には、神権政治によるすさまじい被害と、他者への思いやり、そして自由の試練に関する重要な、かつ申し分なく複雑な思索がふくまれており――同時に、優れた文学との出会い、すばらしい教師との出会いがもたらす喜びと意識の深まりが感動的に語られている」(480頁)。

本書は、ロリータ、ギャツビー、ジェイムズ、オースティンの4部構成である。ナフィーシーが息苦しい現実を生き抜くための拠りどころとしているのが英米文学である。彼女が過ごしたイスラーム共和国では、英米文学は西洋的頽廃の象徴とみなされ敵視されていたが、彼女にとって、それは想像力を通じて現実とはことなる世界を描きだし、現実を別の視点でとらえる術を教えてくれるものであった。彼女は作品を深く読みこみ、学生たちとの議論を通じて、現実の軛に抵抗する拠点をつくっていった。本書には、その過程が詳細につづられている。

第1部の「ロリータ」は、大学を辞めたあと、彼女が7人の女子学生と自宅で続けた2年間にわたる読書・研究会の回想録である。冒頭で、学生のひとりが、彼女が教室でよく口にした警告を反芻する。「『どんなことがあっても、フィクションを現実の複製と見なすようなまねをして、フィクションを貶めてはならない。私たちがフィクションの中に求めるのは、現実ではなくむしろ真実があらわになる瞬間である』」（12〜13頁）。

小説と現実の関係をテーマとするこの研究会では、ペルシャや西洋の古典文学が何冊も読まれ、議論されている。彼女は、そのなかの一冊、ナボコフの小説『ロリータ』についてもっとも情熱的に語り、その内容についていくつもの解釈を提示している。彼女によれば、テヘランで『ロリータ』を読むことで、テヘランの別の顔が見えるようになり、さらに、テヘランが『ロリータ』の見直しを促してくるという（17頁参照）。彼女はこう書く。「ハンバートはロリータを自分の夢見る少女に、死んだ恋人に仕立てあげようとし、彼女の人生をめちゃめちゃにした。『ロリータ』の物語の悲惨な真実は、いやらしい中年男による十二歳の少女の凌辱にあるのではなく、ある個人の人生を他者が収奪したことにある」（53頁）。「ナボコフはハンバートを描くことで、他者の人生を支配するすべての唯我論者の正体をあばいたのである」（同頁）。ハンバートは、「他者を自己の意識の産物としか見ない態度」（58頁）によって、ロリータを「『唯我化』」（同頁）したのである。唯我化とは、相手の存在を自分にとって都合のよい観念のなかに封殺して歪めても顧みない傾向である。ナフィーシーは、全体主義的な体制の圧力によって生き方の変更を迫られたひとびとをロリータの姿に重ねあわせている。彼女はこう回想する。「あるとき、イランの過去の真実は、それを奪い取った者にとって取るに足りないものとなった。ロリータの過去の真実がハンバートにとって取るに足りないものであったのと同じである。ハンバートの妄想、十二歳の手に負えない子どもを愛人にしたいという欲望の前に、ロリータの真実、欲望、人生が色あせるように、イランの過去の真実も無意味なものと化した」(58〜59頁)。ナフィーシーは、すべての優れた小説はおとぎ話だというナボコフのことばを受けて、こう述べている。「あらゆるおとぎ話は目の前の限界を突破する可能性をあたえてくれる。そのため、ある意味では、現実には否定されている自由をあたえてくれるといってもいい。どれほど苛酷な現実を描いたものであろうと、すべての優れた小説の中には、人生のはかなさに対する生の肯定が、本質的な抵抗がある」(73頁)。

現におきている出来事の意味は、その渦中の経験のさなかでは明らかになりにくい。直接的な経験においては、考えることよりも生きることが優先されるからだ。それに対して、ある種の小説は現実から距離をとり、現実の断面に外側から照明を加えることによって、現におきていることの意味を浮き上がらせることができる。ナフィーシーも、過ぎた現実を現在に引き戻す回想の働きを通じて、特定の状況に翻弄されながらも抵抗して生きる経験の意味をわれわれに示している。

スヴェトラーナ・アレクシエーヴィチの『セカンドハンドの時代　「赤い国」を生きた人びと』(松本妙子訳、岩波書店、2016年)は、1991年のソ連崩壊直後から、社会主義の時代を生きたひとびとの声を聴くために、いくつもの聞き取りを行なったその記録である。対象者は、年金生活者、医師、政治家、共産党員、作家、測量技師、アルメニア難民、大学生、強制収容所に送られながらも生きのびたひと、クレムリンの元政治家、地下鉄テロの被害者、デモに参加して逮捕された学生など実にさまざまである。彼女は、自分の耳に聞こえてくるものをどう表現すべきかに長い間悩んだのちに、真実は細かく砕かれていて、世界にちらばっているから、それを集めて表現することが大切だと考えるようになる（602頁参照）。広範囲のひとびとに対する「聞き書き」は、その成果である。教育という名の強制や弾圧、戦争と革命、暴動などに直面し、傷ついたひとびとの嘆きや怒り、苦しみ、悲喜こもごもの声を通じて、激動する時代の「真実」の断面が浮き彫りにされている。アレクシエーヴィチの試みは、ナフィーシーのそれと同様に、個々の人間と時代とのかかわりを直視し、そこで生起した経験の相貌を描き出そうとするものである。声のひとつひとつには、われわれに内省を迫るひとびとの苦悩と切実な叫びがこめられている。

「セカンドハンド」の意味を示すために、訳者は「あとがき」で著者の現状に関する発言を引用している。「『思想もことばもすべてが他人のおさがり、なにか昨日のもの、だれかのお古のよう。どうあるべきか、なにがわたしたちの役に立つのか、だれも知らず、みなが使っているのは、かつてのわたしたちの知識、だれかの体験、過去の経験。いまのところ、残念ながらセカンドハンドの時代』」（603頁）。自分に固有の思考を失い、あてがわれたものの間を漂流するひとの姿が見つめられている。彼女は、絶望的な感想を口にしたあとで、希望を語っている「『しかし、わたしたちは平静を取りもどしはじめ、世界のなかの自分を認識しはじめている。廃墟のうえで永遠に生きたい人などいない、これらの破片でなにかを建設したいのです』」（同頁）。

アレクシエーヴィチは、1948年にソヴィエト連邦ウクライナ共和国に生まれ、同連邦白ロシア共和国（現ベラルーシ）で育った。勤務先で研究休暇をとり、第二次世界大戦に参加した女性たちの回想をテープレコーダーに記録し、まとめたものが「ユートピアの声」シリーズ第一作目の『戦争は女の顔をしていない』（１９８５）であり、その後、『ボタン穴から見た戦争』（１９８５）、『アフガン帰還兵の証言』（１９８９）、『チェルノブイリの祈り』（１９９７）が出版され、本書は同シリーズの最後の一冊である。

本書は、「共犯者の覚え書き」、第１部　黙示録による慰め、第２部　空の魅力、「庶民のコメント」からなる。アレクシエーヴィチは、「共犯者の覚え書き」のなかで、この本の意図をこう述べている。「わたしは、『家庭の』……『内面の』社会主義の歴史をほんの少しずつ、ちょっとずつ、拾い集めようとしながら書いている。人の心の中で社会主義がどう生きてきたかを。人間というこの小さな空間に……ひとりの人間に……わたしはいつもひかれている。実際に、すべてのことが起きているのは、そのなかなのだから」（２頁）。彼女は、ひとりひとりのこころに寄り添いながら、彼らが口にする愛や嫉妬、子供時代、老後、音楽、ダンス、ヘアースタイル、消滅した生活の細部などについての話を書きとめている。

その膨大な記録のごく一部をのぞいてみよう。まずは、ビールの売店の前に集まるひとびとの声だ。ひとりの先生が語る。「わたしたちは、いつもいつも苦悩のことを話している……。これはわたしたちがものごとを理解する手段なんです。わたしたちには西側の人間が幼稚に見える。というのも、彼らは、わたしたちのように悩んでいないし、ちっぽけなニキビにだってあっちには薬があるんだからね。それにたいして、わたしたちは収容所で服役して、戦時中は大地を死体でうめつくし、チェルノブイリでは素手で核燃料をかきあつめていた……。そして、こんどは社会主義のガレキのうえにすわっているんですよ。戦後のように。わたしたちはとても人生経験豊かで、とても痛めつけられている人間なんです。わたしたちには自分たちだけのことばがある……。苦悩のことばが。

わたしは、こんなことを自分の学生たちと話そうとしてみた……。面とむかってわらわれましたよ。『ぼくらは悩みたくない。ぼくらにとって人生は、なにかもっとほかのものです』。わたしたちは、自分たちの最近の世界をまだちっとも理解していないのに、もう新しい世界に住んでいるんです。文明はまるごとゴミ箱のなかだ……」(42～43頁)。

「喧騒と台所の会話から(2002-2012)」の冒頭の匿名の告白も、想像力を刺激する文章だ。

「──エリツィンの90年代……。わたしたちがどんなふうに思いだしているかだって? あれは、幸福な時代……狂気の10年間……おそろしい歳月……夢想的な民主主義者の時代……破滅的な90年代……まさに黄金時代……自己暴露の時代……悪意にみちた卑劣な時代……明るい時代……攻撃的な……嵐のような……あの時代はというとわたしのだった……わたしのじゃないよ!!!」(365頁)。

「赤い国」を生きたひとびとの語りは、こころに響いてくるものばかりだ。拾い読みでもかまわないので、その生の声を聴いて、時代の出来事に翻弄され、抵抗しながら生きることの意味を考えてほしい。

桜木武史『シリア　戦場からの声　内戦2012-2015』（アルファベータブックス、2016年）は、フリーランス・ジャーナリストの桜木によるシリア内戦の現場からの報告である。日本では、断片的な映像や情報でしか知りえない現場の緊迫した状況が生々しく描かれている。

桜木は過去を回想してこう述べている。「大学生の時、半年間休学して、インドを放浪した。それがきっかけでカシミールという紛争地に深く関わりあうようになった。当時のカシミールはインド軍とイスラム武装勢力が毎日のように戦闘を繰り広げていた。現場に赴き、遺体やその遺族と接する中で戦争の悲惨な現実に直面した。理由もなくある日突然死が訪れる。戦場での暮らしとは常に死と隣り合わせだった。そして私も戦闘に巻き込まれて被弾した」（195～196頁）。

彼は、シリアの現実と重ねて、自分の死を想像している。「シリアを訪れるようになり、死はますます現実味を帯びてきた。可能な限りの死に様を私は頭に思い描いた。ミサイルで木端微塵になる。スナイパーに頭を撃ち抜かれる。機関銃で蜂の巣にされる。日本で暮らしていては決して想像できないような死に方がシリアには存在する。それらを思い浮かべて。私は身震いした」（196頁）。

シリアに何度も出かける理由はこう説明されている。「私が死を覚悟してもシリアに足を運ぶのは、そこで暮らす人々が純粋に好きだからである。ジャーナリストとしてシリアの現状を伝えると同時に一人の人間として彼らに愛着を抱き、彼らの生きた証を見届けるために現場に赴いている」（同頁）。

「あとがき」によれば、桜木は2012年から2015年までに5回シリアに渡り、そこで暮らしている人々の声にじかに耳を傾け、同じ時間を共有している（252頁参照）。本書は、「彼らの生の声を多くの日本人に知ってもらいたい」(同頁)という願いから生まれている。シリアの内戦では、日々、何十人、何百人と犠牲者が出ている。遠くの国では、死者は数でしか示されない。しかし、具体的な死という出来事は重い。本書は、その重さを伝える現場報告である。シリアで現におきている紛争の内実や背景に関心をもつひとは、ぜひ本書を手に取って読んで、想像力を働かせてほしい。

10月—1
自然・人間・動物
—ベルギーとオランダから—

マリ・ゲヴェルスの『フランドルの四季暦』（宮林寛訳、河出書房新社、2015年）は、自然の四季の移ろいを繊細な表現でつづったエッセーである。原題は、「流れ星の喜び、もしくは12ヶ月の書」である。ガーデナーの大野八生による約70点の植物画がこの本を飾っている。

マリ・ゲヴェルス（1883〜1975）は、ベルギーのアントウェルペン（アントワープ）近郊で生まれた。ベルギーは、言語境界線で国が二分され、線の北側はフラマン語（ベルギー人が話すオランダ語）、南側はワロン語（ベルギー人が話すフランス語）が公用語である。ドイツとの国境に接した一部の地域では、ドイツ語が公用語である。フラマン語圏に生まれたゲヴェルスは、学校ではオランダ語を習い、自宅では母親からフランス語を学び、後に多くの作品をフランス語で書くようになった。小説、紀行文、詩集、童話作品などを残した。ベルギー文学を代表する作家のひとりである。

自然との交流の喜びや感動が生き生きと豊かに書きしるされている。ゲヴェルスは、この本の最初のエッセー「天象の楽しみ」で、こう述べている。「天象とは聞き慣れない言葉でしょうか。天翔ける星辰や、流れ星や、雷だけを天象と呼ぶ習慣が、いつの間にか出来上がってしまいました。でも本当は、大気中で起こるすべての現象を、この美しい名前で呼ぶことができるのです。雹も、霧も、あらゆる方位から吹きつける風の薔薇の花びらも、すべて天象ですし、霧氷も、霰も、雪解けも、虹や月の暈も、それにまた七月の夜空に満ちた不安を一気に放出する、無音で暑熱のこもった遠雷も天象なのです。そして夕暮れの空が赤く照り返すのも、夜明けの空に兆す緑の光も、同じく天象なのです」

（8頁）。ゲヴェルスの感受性は、天と地の間で自然が繰り広げる出来事や、自然の奏でる音楽に共振する。一例をあげてみよう。「時おり、氷の表面に落ちた木の葉がびくりと震え、一斉に走り出します。風に吹かれた木の葉は橇に姿を変えて走り、凍りついた水面をこすることで三番目の、ひときわ高い摩擦音を、うちふるえる蘆のざわめきと、樹冠を剪定したコナラの木で風に吹かれる葉のつぶやきに加えるのです」（16頁）。

ゲヴェルスにとって、自然はただ外側から観察するだけのものではなく、そばに近づいて、五感で味わうものでもある。自然と触れあうさまが描かれた文章を引用してみよう。「一緒に来てください。マツユキソウが林の落ち葉の下で芽を出しました。体を屈めてください。真新しい水の次は、真新しい土に手を触れてみるのです。べったりと地面に張りついた落ち葉を剝がし、落ち葉に覆われていた腐葉土は取り除きましょう。雨は思ったよりも温かだったようです。土が匂いますから。十二月以来ずっと閉じ込められていた土からは、刺激臭とともに黴の臭いも立ち昇ります。ありました、ほら、マツユキソウがそこに。（中略）今年最初の慈雨が置いていった、すぐに壊れてしまいそうな純白の卵。茎の先端を上下の唇ではさみ、舌の先で蕾に触れてみてください。少しばかり酸味を帯び、少しだけ苦みがあって、内気で何かに驚いたような、なんとも不思議な味がします」（30～31頁）。林や庭と親しむ園芸家にはなじみの世界かもしれないが、コンクリートの空間のなかで生きるひとには想像しにくい世界が描かれている。

自然と交わって生きるゲヴェルスはまた、目に見え、体で感じられる自然を超えて、目には見えず、手で触れることもできない世界を想像力によってつかまえる。想像力こそは、目に見える世界とそうでない世界、生者と死者をつなぐものである。ゲヴェルスは、ふたつの世界のつながりをこう表現している。「大地は透明な世界であり、水の中と同様、土の中でも自由に動くことができると仮定してみましょう。目を凝らした先に、やがて見えてくるのは、木の根だけが集まった地中の森です。地上の木と同じように地中の根も分岐し、ねじれた太枝を出し、太枝が分かれて小枝となり、小枝がさらに分かれて幾百幾千もの側根を生やしていきます。分岐する根は、地に浮かび、ウェヌスの髪という名を与えられた藻類と同じくらい繊細で、優美な姿をしているにちがいありません。死の湖に潜ることができるとしたら、そこに何が見えるでしょうか。そこにはたぶん、私たち生者の根となり、私たちが活力と、生命と、魂を得るもととなった先祖の人たちが、それこそ樹木の根と同じくらい密に繁茂しているのでしょう」（189頁）。

『フランドルの四季暦』からは、自然を親しい友として生きるひとの幸福が伝わってくる。ひととのつきあいで疲れることの多いひとにとっては、オアシスのような本である。

メイ・サートン（1912〜1995）もベルギー生まれの作家である。第一次世界大戦の戦火を避けるため、4歳の時に両親に連れられてアメリカに亡命し、マサチューセッツ州のケンブリッジで成人した。1938年に最初の詩集を出版し、その後、小説、日記、自伝的な作品などを数多く残した。『一日一日が旅だから』（武田尚子編訳、みすず書房、2001年）には、サートンの残した500篇以上の詩のなかから21篇が選ばれている。書かれた時期はまちまちだが、いずれの詩にも、日々の暮らしや、季節の移ろい、自身のこころやからだのつかのまの変化がくっきりと写しとられている。「オリーブの園」という詩を見てみよう。40代のときの詩である。

ここオリーブの園のなか
コバルト色の円蓋の下に
太古の精霊が躍動し
光はふるさとに帰ってくる

光は白銀の葉にやどり
梢こずえを雲と化し
妙なる調べをつむぎつつ
行ったり来たりにいそがしい。

枝には天の贈りもの
霊こもるたわわな果実
葉はことごとく樹の根から
光明を慕ってのびあがる。

地上の世界の欲望が
天を夢みるこの園で
たぐいもまれなリラの音は
銀と緑をひびかせる。

光と影にたわむれる
天使は青葉の衣をまとい
オリーブの園を賛歌となす
山辺はあげて天の歌。

オリーブの銀と影とのまたたきは
われらの頭上にゆらめいて
いずれが光か果実かも
今はわかたぬ夢の森……（13〜15頁）

サートンにとって、自然はまさしく神からの贈り物である。天上の光が地上の植物と交わって、世界の表情を刻一刻と美しく変えていく。そのさまが喚起力の強い文章によってみごとに描きだされている。

つぎの「至福」という詩は、80代のときに書かれた。

夜のなかば
寝室は月の光に洗われ
外には
引き潮の
ひそやかなつぶやき
欠けてゆく月の
まぢかに
ヴィナスが見える

いたずら好きなふくろうは
ごきげんでホーホーと鳴き
猫のピエロットはごろごろと
掌の下でさざなみをたてる
そしてこのいっさいが
薔薇の香のなかで沐浴
ベッドのかたわら　いつも

木や花のふんだんにあるところで。
夜もなかば
生きていることの至福よ！（67～68頁）

生活上の心配が絶えず、仕事の事や人間関係が気にかかる青壮年期には、これから先の「未来」がたえず意識され、こころが現在に落ち着くことはまれだろう。しかし、終わりが視野に入ってくる老年期には、不確かな未来よりも「現在」の方がはるかに重みを増してくる。いま生きてあること、あるいはいま生かされてあることの幸福が神秘的な奇蹟のように感じられてくる。この詩は、一夜のひとときの絵画のような情景と喜悦をおごそかに表現している。

トーン・テレヘン（1941～）は、オランダ南部の島で生まれた。母親はロシア人で、ロシア革命のときに、両親とともにオランダに移住してきた女性である。テレヘンはユトレヒト大学で医学を学び、ケニアで3年間マサイ族の医師を務めた。その後、アムステルダムで開業医となった。動物を主人公とする本を50作以上書いている。訳者のあとがきによれば、子供向けの作品だが、大人にもよく読まれ、結婚式や葬儀などで一部が朗読されることもあるという。

『ハリネズミの願い』（長山さき訳、新潮社、2016年）のテーマは「孤独」である。ひとりぼっちのハリネズミは、いろんな友達が遊びにきてくれないかと願い、招待の手紙を書く。「親愛なるどうぶつたちへ／僕の家にあそびに来るよう、／キミたちみんなを招待します」（6頁）。少し迷ったあと、「でも、だれも来なくてもだいじょうぶです」（同頁）と書き足す。極度に臆病なハリネズミは、自分の気持ちを率直に外に出せないまま、だれも来ない事態を先取りして、自分の失望のなかに閉じこもってしまうのだ。結局、招待状は戸棚の引き出しにしまわれたままになる。

ハリネズミは、招待状に誘われてやってくる動物たちとの出会いの場面をあれこれと想像する。カタツムリ、カメ、ヒキガエル、サイ、クマ、ゾウ。キリン、クジラたちとの「交流」が、ハリネズミのひとり芝居のなかでつぎつぎと空回りする。不意に孤独感に襲われる。「自分が深淵に落ちていくさまを想像してみた。しだいに深く落ちていったが、底は見えてこなかった。体がぐるぐると回転し、ハリがピンと逆立っていた」（39頁）。他方で、自分が自分といつも一緒にいるのだから孤独ではないとも思う。自分がだれだか分からなくなる。「ハリネズミはためいきをついて冷笑的に思った。この自分自身というやつが存在しないとしたら……そういうこともあるはずだ。鏡を見たらだれも映っていなかったら……それこそがほんとうのひとりぼっちだ！」（42頁）。

ハリネズミは夢を見る。どうぶつたちがそろって遊びにくる。何百もの手紙が届く。誘われて森の空き地に行くと、どうぶつたちが勢ぞろいして待っている。歓待が、やがて自分へのいじめに変わっていくところで目が覚める（60～63頁参照）。

ハリネズミは自分のこころをのぞきこむ。「ぼくはもしかしたら自分が訪問客を望んでいないことを知るためにのみ、だれかに来てほしいのかもしれない、と思った」（159頁）。自分が本当はどうぶつたちになにを期待しているのか、いないのか分からない。屈折した自意識がハリネズミを苦しめる。

ある日、リスが訪ねてきて、ドアをノックする。「だれ？」「ぼくだよ」「リス。入れてくれる？」「なんで？」「わからない。ただなんとなく。だれか訪ねてきたらハリネズミが喜ぶかもしれないって思ったんだ」というやりとりのあと、ハリネズミはドアを開ける（163頁参照）。最初、ぎこちない時間が過ぎる。「ハリネズミとリスは紅茶を飲み、ハチミツを舐め、ときどきうなずきあった」（165頁）。やがて、ハリネズミもリスも共にいることが気持ちよくなり、「時間が止まればいいのに」（165頁）と、幸福感に満たされる。

ある真夜中に目を覚ましたハリネズミは、どうぶつたちが書いてよこす手紙の文面を想像する。「招待しないでくれてありがとう。みんなキミの友だちだし、これからもずっと友だちでいつづけるから、訪ねる必要はまったくない」という内容だ（168頁参照）。リスはこう書いてくると予想する。「とっても楽しかったね、ハリネズミ。また会おうね！」（同頁参照）。おしまいはこう締めくくられる。「ハリネズミはぎゅっと目をつぶって深いためいきをついた。また会おうね……それはハリネズミの知るもっともすてきな言葉だった。／それからハリネズミは眠りに落ち、冬じゅう眠りつづけた」（同頁）。

ハリネズミの空想の場面と現実の出会いとの対比を通して、存在することの孤独と共存のよろこびがあざやかに浮かびあがる。期待と絶望、自己卑下と矜持が目まぐるしく交錯している。ハリネズミのひとり舞台は、せつなく、そして、いとおしい。わたしたちのだれもがハリネズミなのだ。

10月—2 美しいものとの出会い

——美学と芸術への招待——

中井正一の『美学入門』(中公文庫、2010年)は、美しいということがどんな意味をもっているのかについて分かりやすく語った本である。美学の専門用語を使わず、みずみずしく、すみきった文章で書かれているのがこの本の魅力である。中井はこの本を書きあげた翌年に、胃がんのため52歳の若さで亡くなった。

中井正一(1900~1952)は大阪市に生まれた。雑誌『世界文化』を通じてファシズムへの抵抗運動を組織したため、共産主義運動とのつながりが疑われ、また、1936年に読者の投稿を中心にした新聞『土曜日』を刊行し始めたことも原因で、翌年に治安維持法違反の容疑で逮捕・投獄された。1940年、懲役2年、執行猶予2年の判決を受ける。戦後、疎開していた尾道市の市立図書館長を、1948年からは国立図書館副館長をつとめたが、激務のなかでも、美学研究を続けた。

この本は、「第1部──美学とは」と「第2部──美学の歴史」からなっている。第1部の1「美とは何であるか」は、「自然の中に」「技術の中に」「芸術の中に」という小見出しがついている。少し長くなるが、引用してみよう。「私たちが、日常のことで思い悩み、腹を立てたり、悲しんだりして疲れはてたとき、ふと、自然を見て、『ああ、こんな美しい世界があるのを、すっかり忘れていた。どうして、これを忘れていたのだろう。』と何だか恥ずかしくなり、やがて、悲しみや、怒りを忘れてしまい、自然の景色の中につつまれ、『ああいいな』とうっとりとその中に吸い込まれて行くことがある。(中略)美に打たれるということころもちはこんなことではあるまいか」(11頁)。中井は、こういう「こころもち」を、「美しい心、美の意識」と呼んでいる（同頁参照）。中井はまた、シラーの「『人間が自然の中に、自分の自由なこころもちを感じる時、それを美というのである』」（12頁）とのことばを引いている。美は、われわれが自然のなかで、自然につつまれて生きるなかで、自然と共鳴しあう喜びの感情に満たされるときにおとずれるのだ。だから、美の要は身体にある。中井は、身体を「感覚のうつし合う鏡の、一杯にある宮殿のようなものなのである」（55頁）と巧みに言い表している。

4「生きていることと芸術」において、中井は美をつぎのように定義する。「美とは、自分にまだわからなかった自分、自分の予期しなかった、もっと深いというか、もっと突っ込んだというか、打ちよせる波のように、前のめったというか、自分が考えている自分よりも、もっと新しい人間像としての自分にめぐり逢うことである」（56頁）。あたらしい自分にめぐり逢うことは、今までの自分を古い自分として脱ぎ捨てていくことである。「自分が自分自身の無理なもの、無駄な飾り、いらない重たいものから抜け出して、日に新しく、日に日に新しく自由な、本当のものになるということの中には、常にまとい付く古いもの、進みゆこうとする足もとに群がってやってくるタックルのようなものを鋭くはらい捨て、脱落し、脱走するある切実なものがあるわけである」（同頁）。美的な経験は、日々、自分をあたらしくすることを試みるひとにしかやってこない。現状に甘んじ、自分の感受性をさびつかせてしまうと、自然や技術、芸術の中に美を発見することは困難になる。中井によれば、生きていることを美しく清新にたもつ姿勢が美の経験とむすびつくのである。この姿勢を欠けば、美術館に入って美しい作品を見たとしても、真に美に感動することはできないのだ。

第2部「美学の歴史」は、1「古い芸術観と新しい芸術観」2「知、情、意の三分説の歴史」3「感情のもつ役割」4「時間論の中に解体された感情」5「射影としての意識」6「芸術的存在」7「機械時代にのぞんで」からなっている。5「射影としての意識」のなかから、自分へのこだわりをもち続けた中井ならではの一文を引用してみよう。「自分が知っている考えているものよりもっと深部で、自分にもわからない自分が、深く横たわっている」(142頁)。それゆえに、自分を知るための努力が続くのであり、それに応じて、美的なものの経験のあり方も変わってくるのだ。

4「時間論の中に解体された感情」の「永遠の一瞬」のなかには、第1部の1「美とは何であるか」からの先の引用文を連想させる、美の経験に触れた文章がある。「『造化にしたがい、造化にかえる』とか『竹のことは竹にならえ』など芭蕉がいっているが、何か造化に、今しも随順した、うちのめされた、『ああ、お前もそうだったのか』と手をさしのばしたくなる造化に触れた時、人々は、一つの長い息を吐くのではあるまいか。『寂かに観ずれば、物皆自得す』というこころもちもそれではあるまいか」(136〜137頁)。

第2部は、美学史の知識がないと分かりにくい箇所も少なくないが、はっと驚くような文章が随所に現われる。それらを読んで、美について考えるきっかけにしてほしい。

木下長宏『[増補]中井正一　新しい『美学』の試み』(平凡社ライブラリー、2002年)は、中井の全体像を浮き彫りにした力作である。中井の美学観や、「委員会の論理」に見られる考え方や生き方を、時代背景とともに丹念に描き出している。著者は、ひとがある対象を美しいと感じて感動するのはなぜかという問題を、ひとの日々の暮らしとつなげて考えた中井に共感して、筆をすすめている。中井正一という人間と、その歩みに興味をもつひとにはおすすめの一冊だ。

森村泰昌の『「美しい」ってなんだろう？　美術のすすめ』（理論社、2007年）は、若者向けに書かれた一種の自伝である。森村の「美」と「人生」についての考え方が、ユーモラスな調子を交えて、やわらかな文体でつづられている。1時間目から10時間目までのメニューは以下の通りだ。「私は美術家です」「モリムラ美術館」「ふしぎ美術館」「ものまね美術館」「芸術vs芸能美術館」「しあわせvsふしあわせ美術館」「ほねぐみ美術館」「おおきさ美術館」「『地球美術史』美術館」「いつでもどこでも美術館」。

森村は、1時間目で、世の中には「途方もなくおおきくて広い『美しい』世界があることを力説し、それを知るために美術の扉を開いてみることをすすめる。2時間目以降で、読者は森村流の架空の美術館に招かれる。まず、絵画のモデルに「なる」ことで、「見る」「作る」「知る」では得られなかった喜びと手ごたえをつかむまでの個人史が語られる。39〜42頁には、森村がモナリザをはじめ、古今の名画の登場人物になった作品が載っている。

5時間目では、芸術と芸能の違いが語られる。その違いを、森村は太字で強調している。「**芸能とは、ひとびとに広く行きわたることがめざされている世界である。／芸術とは、深く行きつくことがめざ**

されている世界である」（121頁）。ひとびとからうけない芸能は淘汰されるが、一途に深く掘り進んでいく芸術家が魂をこめた作品は残るというのはそのとおりだろう。

7時間目では、ピエ・ト・モンドリアンの抽象画と、カルティエ＝ブレッソンの写真を手がかりにして、両者が垂直と水平の要素から成立していること、世界の骨組みを示していることなどが明快に解説されている。

9時間目は、メキシコの画家、フリーダ・カーロをとりあげている。森村は、彼女の自画像に描かれた太い眉毛やヒゲに注目し、細マユにこだわる欧米的な美の基準を相対化したフリーダの試みを評価する。森村は、美術というと、無意識に西欧の尺度にとらわれてしまうわれわれの傾向を指摘し、地球的な規模で芸術作品をとらえていくことの大切さを主張しているのだ。

この本には、10代の若者からの質問に答える「ブレイクタイム」のコーナーが3カ所挿入されている。「自分の道をどうやってみつけたらいいのか」という15歳の女性の質問に、森村は登山を例にして答えている。山頂にはだれかに車で連れていってもらうこともできるし、徒歩でも登れる。前者は他人から与えられた道でしかない。後者の場合は、汗だくになり、足も痛くなり、虫に刺されたり、道に迷うこともあるかもしれない。しかし、途中で不思議な植物や昆虫に出会ったり、山の水のおいしさに感激することもあるだろう。素敵なひととの出会いがあるかもしれない。苦しい思いをしても、自力で頂上をめざすのが自分の道を見つけることにつながるという（72〜73頁参照）。ニーチェも、他人の肩にかつがれて登るのではなく、自分の足で歩けと若者を激励した。

もうふたつだけ、森村のことばを紹介しよう。「こういうことはいえるかな。『なにかを美しいと感動できるこころを持ったひとは美しい』と。美しいこころを持ったひとが美しいんじゃなくて、美しいと思うこころを持ったひとが美しいんだ」（235頁）。「若いみなさんに必要なこと、それは自分のこころにたくさんの種をまいておくことです。それらの種からどんな花が咲くかなんてわからないのもあたりまえ。だってまだ咲いてないもんね。でも、どんな花が咲くかわからなくて、そのことが不安だったとしても、ともかく種をまいておかなくては咲きようがない。だから、将来咲くであろう花の色を夢見て、いまはともかくいろいろな種をまいておこう」（240頁）。なにかを見て、聴いて、なにかに触れて感動できるためには、感受性を開き、こころを磨いておかなければならない。干からびたこころに、感動の経験はおとずれない。こころを磨くのは、こころに種をまくのと同じことを意味する。

体は食べ物によって養われる。日々、食事をすることによって、体の機能は維持される。こころも栄養をとることで活動する。こころの栄養分となるのは、なにかを見聞きして感動する経験であり、苦しいことに耐える時間であり、感動や苦しみをことばで表す作業である。ことばは、こころを生き生きと活動させる力を秘めている。森村の言う「こころにたくさんの種をまくこと」は、「困難をともなう色々なことにチャレンジすること」だけでなく、「ことばを通してこころの世話をすること」をも意味している。苦しみの経験から得られた感動をことばにする、考えたことを書きとめるといった、ことばとの真摯なつき合いこそが、こころに種をまき、いつの日か花を咲かせることにつながるのだ。

森村の主張は明快だ。「感動することのとぼしい生活はさみしい。こころに種をまいて、感動の経験を重ねて、美しいひとをめざそう」である。将来のある若者、美術に興味のあるひとには、とくにすすめたい一冊だ。この本をじっくり読んで、考え、感想を文章にまとめることも、こころに種をまくことにつながるだろう。

アラン『芸術の体系』（長谷川宏訳、光文社古典新訳文庫、２００８年）は、散文の達人によって書かれた芸術論である。訳者の長谷川は、アランの芸術論の特色を、「人間が人間として日々を生きるということと、芸術活動や芸術作品のありかたとをつねに結びつけて考える」（５３８頁）という点に見ている。中井正一と共通する態度だ。

アラン（１８６８〜１９５１）は、フランスのノルマンディー地方の小さな町に生まれた。いくつかの公立の高等中学校で哲学を教えた。１９１４年に第一次世界大戦が勃発したさいに、志願兵として対独戦の前線に立つ決意をする。重砲第三連隊に配属されるが、戦火のなかで原稿を書き続けた。１９１７年には気象観測隊に配置された。この年の1月8日から10月16日にかけて『芸術の体系』を執筆した。除隊後も多くの本を出版した。１９４５年、77歳のときに青年時代に詩を捧げた女性ガブリエル・ランドルミと再会し、結婚した。88歳で、パリ西郊の自宅で死去した。

『芸術の体系』の主題は、創造的想像力、ダンスと装飾、詩と雄弁、音楽、演劇、建築、彫刻、絵画、デッサン、散文と多岐にわたっている。追記のなかで、アランはこう述べている。「本書は、泥だらけの戦場で、ただ自分の気晴らしのためだけに書いたもので、公にすることなどまったく考えていなかった。そんな好条件には二度とめぐり合えそうにはない」（495～496頁）。アランは、資料や研究書などを参照することが不可能な戦場という環境で、自分の記憶と強靱な思考力だけを頼りにこの本を書いた。それだけに、この本を読むにあたっては、読者自身の思考の力が試される。このうえなく明晰でありながら、読者につねに立ちどまって考えることを強いる文章だからだ。

「はじめに」のなかで、こう述べられる。「美を定義しようとするなら、見たとたんに確実に美しいと判断でき、その判断が撤回されることがないのが美だ、と定義しなければならない」（15頁）。「美は褒美として受けとるものであり、あくまで精神にかかわる事柄なのだ」（同頁）。美的な判断力が働かなければ、美は与えられないということだ。

第1章「創造的想像力」では、創造の現場でおきることが絶妙な言い方で述べられている。「画家は、生まれつつある自分の作品を見る人でもあるのだ。（中略）美しい詩句は、まず計画され、つぎに実行される、というのではない。詩人の前に美しいすがたであらわれてくるのだ。また、美しい彫刻は、彫刻家がそれを作るにつれて美しいすがたをあらわす。そして、肖像画は絵筆の下から生まれてくる」（56頁）。作品を生み出す行為は、そのなかで生まれてくるものを受容することと一体であるという見方だ。作品は、作り手が作りつつ、作られていくものなのだ。

第10章「散文」はアランの筆がとくにさえた一章である。「彫刻は色に助けを求めず、不動の形だけを通じて思考へとむかうし、絵画は色を通じて感情へと、デッサンは線を通じて運動へとむかう。そのことからすると、人工的な文字で表現する散文芸術は、自身のうちに力強さを求め、あくまで散文にとどまるべきだ」（433〜434頁）。アランの言う力強さとは、「思考のつながり」（438頁）のことだ。思考につながりをつけるためには分析が欠かせない。「だから、散文固有の方法とは、まさしく、一般に分析の名で呼ばれるもののことだ」（同頁）。

『芸術の体系』に続いて、同じ訳者による『芸術論20講』（光文社古典新訳文庫、2015年）が出版されている。アランの思考の力強さと、その「美しさ」を経験するためにも、合わせて読んでほしい。

11月—1

古典の森を散策してみよう（2）

——エピクテートスは語る——

エピクテートスの『人生談義』の上下2冊（鹿野治助訳、岩波文庫、２０１６年（第13刷））は、セネカやマルクス・アウレーリウスと並び称される哲人の語録、提要、断片を集めたもので、１９５８年に翻訳出版されて以来、何度も版を重ねている。エピクテートスの考え方は、マルクス・アウレーリウスを始めとして、パスカルやデカルトなどにも影響をおよぼした。

エピクテートスは、50年頃に生まれ、１３５年頃に没したとされる。奴隷として生まれ育ったが、向学心が強かったために、主人は当時名の知れたストア哲学者のムソニウス・ルーフスのもとに弟子入りさせた。のちに奴隷の身分から解放されたエピクテートスは、ローマで哲学の話を続け、聴衆を魅了した。『人生談義』は、弟子のアリアーノスの筆録にもとづいている。哲学というと、日常生活とは縁の薄い、かたくるしい抽象的な学問を連想するひとも多いかもしれないが、だれが聞いても分かるようにこころを砕いたエピクテートスの話しぶりは、平明で、ユーモアに富み、卓抜な比喩がいたるところにちりばめられている。この本は、２０００年以上も前のローマ人の考え方や行動の一端を明らかにするものであるにもかかわらず、21世紀に生きる者たちのことを書いているとしか思えないような箇所も多い。過去の光で現代を照射し、時代の動向と人間のふるまいを考えてみるには最適の読み物だ。

この全2冊には、「語録」の全4巻と「断片」、「提要」が収められている。アリアーノスは冒頭で、自分の勉強のために師のことばをそのまま書きとめたものが、いつの間にか世間に出てしまったと述べている（〈上〉の12頁参照）。彼によれば、師は、「明らかに、ただ聴いている人たちの心を最善なるものに向わせようと目ざしていた」（同頁）。

第1巻の第1章は、「われわれの権内にあるものとわれわれの権内にないものとについて」である。「権内」という訳語は少しかたくるしいが、自分にできることと、自分にはできない、自分ではどうすることもできないものとをきちんと区別して生きることが大切だということだ。大半の自然現象は、われわれにはどうすることもできない。たとえば、雲の動きや、風の向き、木漏れ日などを自分でつくりだすことはできない。風景を明るくすることも、闇を深くすることもできない。われわれにおきることにも、自分ではどうすることもできないことが少なくない。災害にあう、嵐に襲われる、病気になるなどは、われわれが受容するしかない出来事である。しかし、自分の力ではどうすることもできない出来事がつぎつぎとおこるなかにあっても、われわれには、ある力が与えられている。それが「理性的能力」（14頁）である。

理性を与えられた人間は、その力を存分に駆使して、自分のできる最善のことをするのが望ましい。これがエピクテートスのもっとも強調する点である。理性の力は、心像を正しく使用する働きとかかわる。心像ということばは分かりにくいが、平たく言えば、こころにおとずれるさまざまな出来事を意味する。われわれは、自分自身や他人のことで悩んだり、周囲の環境や自然やなどについてさまざまなことを思い浮かべたりして生きているが、それぞれの局面で、こころのなかにたえず生起しているのが心像である。それはつねになにかを欲したり、拒否したりしながら生きており、そのいずれの状態にあっても、刻々と生成し、変容し続けているのである。理性は、状況に応じて気ままに移ろい、ともすれば不正な方向に流れやすい心像のありさまに目を配ることができる。理性はまた、それぞれの心像がどのような向きに向かっているかを正確に理解することもできる。

それにもとづき、心像に一定の秩序を与えて、心像を正しく使用する動因となるのが意志である。理性が、いわば、心像の監視役であるとすれば、理性の理解にそって、心像を正しく使用するように導くのが意志なのである。結果として、意志は具体的な行為とむすびつく。もしも意志が悪意をもって心像を操作すれば、悪質な振る舞いがなされるだろう。逆に、意志が心像を修正することができれば、振る舞いは良質なものになるだろう。エピクテートスはこう発言している。「人間の善や悪は意志の中にある」(95頁)。意志が振る舞い方を決めるがゆえに、意志についてはとくに配慮が必要になるのである。意志次第でふるまいの善し悪しが決まるとすれば、意志のもち方には警戒が必要だ。自分の意志の邪悪さを放置して悪行へとつなげるのではなく、善行をなすために意志を美しく磨くことが大切になるのだ。この問題は、意志の化粧論として第3巻で展開されている。

第3巻の第1章は「おしゃれについて」だ。だれもが多かれ少なかれ、髪型に工夫をこらす、念入りに化粧をする、服装に気を配るなどして、自分を飾ることに忙しい。外面的な部分は、肉眼で見ることができ、また鏡に映すこともできるので、修正はむずかしいものではない。

しかし、エピクテートスの言うおしゃれは、外見を飾ることではない。かつて、下村湖人という作家は、鏡をのぞくときには、自分の顔の表面ではなく、その奥にあるものを見つめるようにするべきだと述べたが、エピクテートスの考えも同じだ。彼によれば、われわれを美しくするのは、徳という、それ自身は肉眼で確かめることのできないものである。「君ももし美しくありたいのならば、ねえ君、人間の徳に骨折るがいい」（(下) の9頁)。徳に骨折るひとの例として、正しいことをし、節度を守り、自制心を働かして生きるひとがあげられている。儒教的な徳目と共通している。「君が君自身を何かこのような者とするならば、いいかね、君は君自身を美しくすることになるだろう。だが君がこれらのことをおろそかにしている限りは、たとい君が美しく見えるようにあらゆる手段を尽しても、君は醜いのが当り前だよ」（10頁)。いくら外見をきれいに飾ったところで、ふるまいに品位や洗練さがなければ、ちっとも美しくはないということだ。

エピクテートスの求める美は、内面的なこころの働きに化粧をほどこすことによって獲得される。彼がもっとも重視するのが、さきに述べたように、意志の働きである。意志は、心像をよい方向へと向ける働きである。「もし君が意志を美しく持つならば、君は美しいだろう」（16頁)。美しい意志がめざすのは、よいふるまい以外のなにものでもない。ソクラテスは、見栄えのする男アルキビアーデスに、「美しくあるように努力しなさい」と忠告したという。エピクテートスは、その意味を、髪の毛をなでつけ、脚の毛をむしりとることではなく、意志を飾り、くだらない考えをとり除くことだと理解する（同頁参照)。

目につく欠点を隠して見えなくすることは容易だが、意志や思考といった働きは、肉眼では見えないために放置されやすい。邪悪な意志が育ち、思考が劣悪化しても、修正が効かず、結果として、醜悪なふるまいが表に出てくることも少なくない。それを回避して、美しいふるまいを心がけようというのが、エピクテートスの内面的化粧論である。

第2巻の第18章「心像に対していかに戦うべきか」のテーマは、内面を飾ることに無頓着だと、愚かしい心像に引きずられて、いかに悲惨なことになるかである。われわれの身体は運動をしないと、次第に柔軟性を失って固くなってしまう。エピクテートスは、魂も放置してなんの手入れもしなければ、身体と同じことになるという。彼の言い分を聴いてみよう。「確かに、魂の病も成長して行く、と哲学者たちがいっている。というのは、もし君が一度金銭に対する慾を起した時、もし悪いことだと意識させるように、理性が適用されたならば、その欲望はとまって、われわれの指導能力は、最初の処におさまるけれども、もし君が何ら治療手段を講じなかったならば、もはやその同じ処へは帰らないで、むしろ再び対応した心像によって刺戟され、以前よりももっと速かに、欲望を焚きつけることになるからである。そしてこれが連続的に生起するならば、結局硬化して、その魂の病は貪慾を固定してしまうことになるのである」(上)の199頁)。昔も今も、多くのひとのこころに住みついて離れないのは金銭的な欲望であり、われわれの心像は、しばしば、その種の欲望によって染めあげられてしまう。そうなると、口を開けばお金の話ということになる。

そこで、エピクテートスは、理性に登場願って、心像に対して次のように問いかけることを提案する。「『心像よ、ちょっと待ってくれ給え。お前は何なのか、何についての心像なのか見させてくれ給え、君をしらべさせてくれ給え』」（201頁）。このようにして、立ち止まって問いかけなければ、心像に支配されるがままになってしまうだろう。そうならないためにこそ、理性が心像の身分を明らかにすることが必要になる。要するに、いまの自分がなにを欲し、なにを考え、なにをしているのかを冷静に見極め、「このままではまずい」と思う点を正確に理解することである。

その理解にもとづいて、日常の具体的なふるまいを指図するのが意志の役割である。たとえば金銭欲について言えば、お金のことでこころが騒ぐ状態にブレーキをかけて、別のことに向かうように仕向けるのが意志のつとめである。意志がそのように働かなければ、エピクテートスの言うように、こころは金銭的な欲望のとりこになって、貪欲という病におちいる。彼によれば、心像に絶えず警戒して、自分自身を鍛える者が本当の修行者である（同頁参照）。彼の忠告を聴こう。「じっとしてい給え、ねえ君、心像にさらわれぬがいい。この戦いは偉大であり、この業は神聖なのだ、王国のために、自由のために、幸福のために、平静のために」（同頁）。理性を追い払う強烈な嵐となって吹き荒れる心像との戦いは厳しく、過酷ではあるが、それを避けてはならないということだ。

『人生談義』には、人間関係論も豊富だ。第3巻の第16章「注意して交際せねばならぬということ」を見てみよう。エピクテートスは、繰り返し自分の心像とのつきあい方に注意をうながす反面、具体的な他人との交際にも用心が必要だと語る。周りのことばかり気にして、相手のペースでしか生きていないと、他人の奴隷になってすりきれてしまう。かといって、自分のペースでつっぱってばかりいると他人との間に軋轢が生じて、お互いにストレスがたまる。

エピクテートスは、人間関係について分かりやすく述べている。「煤のついた人と親しく交際する者は、自分も煤で黒くならざるを得ないということを記憶して置かなくてはならない」（(下) の58頁）。「朱に交われば赤くなる」ということだ。「提要」の33では、同じことをこう語っている。「外部の人々や普通の人たちとの宴会は避けよ、だがそういう時があるならば無教養なことに陥らぬように注意せよ。けだし仲間が汚れていれば、当人はたまたま綺麗でも、彼と交わる者は汚れざるを得ないからだと知るがよい」（272～273頁）。ひととのつき合いでは、相手から影響を受けると同時に、相手にも影響を与えるという相互的な関係が生じるが、エピクテートスがこの言い方で強調するのは、前者の側面である。グループのボスの言動は、部下たちに伝染していくし、師のふるまいは、弟子を感化する。相手からのよい影響を受けたければ、よい相手を選ばなければならない。つき合う相手の選択を誤ると、痛い目にあうから、注意が必要になる。「琴を弾く人が、リラを取って絃に触るとすぐ、合わないものを識別して楽器を調節するが、ちょうどそういう心構えを諸君の中の誰が持っているだろうか」（58～59頁）。日頃からひとを見る目を鍛えておこうというアドヴァイスだ。

第4巻の第2章「社交について」でも、ひととのつき合い方のこつが語られる。「何よりも前に君が注意せねばならないことは、誰か従前の知り合いや、友人と深くつき合って、その結果、彼と同じ程度まで成りさがることの決してないようにするということである。もしそうでなければ、君は君自身を破壊することになるだろう」（163頁）。人とのつき合いは、くれぐれも用心するにこしたことはないのだ。エピクテートスは、付和雷同よりも、自主独立をすすめている。「君が飲み友だちともう一緒に飲まないならば、君は前と同様彼らの気に入ることはできない。それでどちらでも選ぶがいい、君はのんだくれとなって、彼らの気に入りたいか、それとも白面で気に入られたくないか。（中略）もしもつつしみとたしなみとのあることの方が、人から『気に入った人だ』といわれることよりもよりいいならば、他のことは棄て、断念し、身をそむけるがいい、君とそれらのものとを無関係ならしめるがいい」（164頁）。ひととのつき合いでは、しばしば、相手の気持ちを忖度して動いたり、相手から嫌われたくないために、ずるずると相手のペースにはまって身動きがとれなったりする。飲みたくない酒の席に嫌々同席する場合もある。しかし、相手に合わせてしたくないことばかりしていると、本当にすべき大切なことができなくなる。だから、相手から嫌われることを恐れず、自分の主義、主張を貫くことがのぞましい。他人からの同調圧力に屈しやすいひとには、素直には受けいれがたい助言かもしれないが。

自分がもうひとり人の自分（自分の心像）とどのようにかかわって生きているのか、自他のつき合いがどのような特徴をもっているのか、どのようなつき合いが望ましく、避けたほうがよいつき合いとはどのようなものか、こういった問いをもち始めたひとには、エピクテートスの語りがよく響いてくるだろう。読んで、生きるヒントを得てほしい。

11月—2

ことばと「私」

——ラヒリとペソアの経験——

多くのひとは、生まれた地域で話されることばを聞いて、やがて話し始め、読み、書くようになる。しかし、なんらかの事情で生活の場所が変わると、つき合うことばも変わってくる。幼少期にふたつのことばとの関係を強いられると、ひとによっては、生活のバランスが崩れ、生が困難なものになる。ことばによって生きることの自然なリズムに乗りきれず、ことばに抗しながら、しかもことばによって生きざるをえないという屈折した生がおとずれるからだ。

ひとは、しばしば場所の移動を迫られるが、ことばとのつき合いから追放されることはない。生きるということは、多くの場合、ことばのなかに生まれ、ことばによって、ことばとともに、あるいは、ことばに逆らって生きるということだ。ことばが生の享受をうながすこともあれば、生の苦しみをもたらすこともある。

今回は、とりわけことばが重い意味をもつふたりの作家の本を紹介しよう。

ジュンパ・ラヒリの『べつの言葉で』（中嶋浩郎訳、新潮クレスト・ブックス、2015年）は、3つのことばを意識して生きることを余儀なくされた女性の自伝的なエッセイ21篇と掌篇2篇を集めたものである。ラヒリの小説には、ニューヨーカー新人賞、ピュリツァー賞などを受賞した短篇集『停電の夜に』、長篇『その名にちなんで』などがある。

ラヒリ（1967〜）は、ロンドンに生まれたが、両親はカルカッタ出身のベンガル人である。幼少期にアメリカに移民の娘として渡り、ロードアイランド州で育った。両親から家庭内での英語は禁止され、外では英語しか話せない窮屈な環境のもとで過ごした。ベンガル語という自分の母語が、周りからはほとんど顧みられることのない国に住み、家族に隠すようにして話す英語に対する疎外感が生まれた。他方で、ベンガル語を自由に話せなくなっていく自分のなかにもどかしさが生じてくる。母語と外国語との間で揺れ動く日々が続く。

ラヒリは、日常生活の主たる言語としての英語の傍らで、20年間、イタリア語を学び続ける。なによりもイタリア語の響きに魅了されたからだ。その後、大西洋を横断して、夫とふたりの子供とともにローマで暮らし始める。イタリア語とのつき合いは熱を帯びる。ことばをおぼえて話すだけでなく、イタリア語で文章を書き、添削を受けるという経験を重ねていく。この本は、イタリア語で書かれた。「壊れやすい仮小屋」のなかで、彼女は、ことばに対する特別な感情をこうしるしている。「もしわたしの心を打ったり、混乱させたり、苦しめたりすること、要するにわたしを反応させるあらゆることを理解したければ、それを言葉にする必要がある。ものを書くことはわたしにとって、人生を消化し、秩序立てるただ一つの方法なのだ。そうでなければ、わたしは人生にうろたえ、ひどくかき乱されるだろう」(58～59頁)。人生には、ささいなことであっても、その意味がよくつかめないことがおきる。人生は、不可解なこと、不安なこと、感動すること、怒りに震えることの連続でもある。だが、その経験のひとつひとつは、ことばにして、確かめなければ、あるいは、その隠された意味を探ろうとしなければ、すぐに記憶の底に埋もれてしまう。大切なはずの経験でも、時間が経つと、二度とよみがえってこない場合も少なくない。ラヒリの言うように、ことばこそが生きられた経験の意味をあきらかにし、経験を見つめなおすことを可能にする。ことばが彼女の人生においてもつ比類なさは、こう表現されている。「子供のころから、わたしはわたしの言葉だけに属している。わたしには祖国も特定の文化もない。もし書かなかったら、言葉を使う仕事をしなかったら、地上に存在していると感じられないだろう」(59頁)。

「三角形」のなかで、ラヒリは、母語としてのベンガル語、継母としての英語とのつき合いを振りかえったあと、第3の言語としてのイタリア語の勉強がもたらした変化について詳しく語っている。アメリカでの就学前の4年間、ベンガル語は使うとこころの休まる言語だったが、6、7歳頃から英語の使用が優勢になるにつれて、継母の力が強まる。しかし、家のなかではベンガル語の生活が続く。「わたしはこの二つの言語の間で迷い、苦悩していた。二つの言語を行ったり来たりすることで混乱していた」(96頁)。「わたしのこの二つの言語は仲が悪かった。相容れない敵同士で、どちらも相手のことがまんできないようだった。その二つが共有しているものはわたし以外に何もないと思ったから、わたし自身も名辞矛盾なのだと感じていた」(96~97頁)。ラヒリは、ベンガル語を話すことを恥じながら、同時に恥と感ずることを恥じた。他方で、彼女はアメリカで生きていくためには、完璧な英語を話さなければと意識していた(98頁参照)。

彼女の言語遍歴にイタリア語が加わって、言語の三角形が形成される。「三つめの点ができることで、昔から仲が悪かったカップルの力学が変化する。わたしはこの不幸な二つの点の娘だが、三つめの点はその二つから生まれるのではない。わたしの願い、努力から生まれる。わたしから生まれるのだ」（99頁）。こうして、彼女は、「わたしの人生における英語とベンガル語の長い対立から逃れること」（同頁）が可能になり、母も継母も拒否した自立の道が開けたと感じる。しかし、イタリア語の理解が深まるにつれ、自分の英語力不足を痛感することになり、英語を見直す道も開かれてくる。

ラヒリは、この言語の三角形が自分の自画像が収まる額縁のようなものと感じ、そのなかに明確な自分の姿を見たいと願う。しかし、自分のなかで母と継母の対立を生きてきたために、「揺れたり、歪んだり、隠れたりしている姿」（102頁）しか見えない。求めたものが得られない。「鏡が空白しか映さないのではないか」（同頁）と恐れる。そこからひとつの結論が導かれる。「わたしはこの空白、この不確かさに源を持つ。空白こそわたしの原点であり、運命でもあると思う。この空白から、このありとあらゆる不確かさから、創造への衝動が生まれる。額縁の中を埋めたいという衝動が」（同頁）。

「変身」では、この原点としての空白からの逃走が主題となる。ラヒリは、逃走と小説を書くという試みをむすびつける。そのなかで、ひとつの発見がなされる。それが、「登場人物の中に隠れ、自分自身から逃れる方法」（108頁）、「次から次へと自分を変化させるというやり方」（同頁）だった。変身への欲望が、作家への道を後押しした。彼女は、変身を生きたひとりの作家、「自分自身の四つのヴァージョンを作りだした作家フェルナンド・ペソア」（109頁）を身近に感じる。ペソアが、「別々に異なる四人の作家を作りあげ、それによって自身の境界を越えることができた」（110頁）作家と映ったのである。

フェルナンド・ペソアの『新編　不穏の書、断章』（澤田直訳、平凡社ライブラリー、2013年）は、ラヒリが強い意味をこめて用いる「変身」ということばを借用すれば、自意識の変身する姿をくまなく見極めたいという意志に貫かれた、果てしのないモノローグの集積である。

フェルナンド・ペソア（1888〜1935）は、リスボンに生まれた。5歳のときに父親が亡くなる。母親の再婚相手の仕事の関係で、1896年から1905年まで、現在の南アフリカ共和国のダーバンでイギリス風の教育を受けて育つ。そのせいもあって、外国語としての英語は、母語であるポルトガル語よりも熟達したという。ペソアがポルトガル語で詩や散文を書き始めたのは20歳になってからのことである。1906年にリスボン大学文学部に入学するが、翌年退学。1908年から、英文や仏文の商業文作成業務に就き、生活の糧を得た。独身をつらぬき、仕事以外の時間を詩文や散文、断章の作成にあてた。ペソアという名前のほかに、3つの異名を用いた。

ペソアの省察のキーワードのひとつは、「意識」だ。ものに意味を与えるのも、ことばの手前で感じることも、夢を見るのも意識の多彩な働きのごく一面である。ペソアは、なによりも自分自身の存在を意識し、その意識を意識する。スイスの詩人・哲学者のアンリ・フレデリック・アミエル（1821〜1881）がたどった道である。アミエルは、1万7000ページにものぼる内省的な日記を書き残した。ペソアは、「不穏の書」の断章123で、こう述べている。「アミエルの日記は私を常に苦しませた。その原因は私自身にある。／精神の果実が彼のもとに『意識の意識』のように落ちてきたと書かれた箇所まで来たとき、そこで私は自分の魂のことが語られていると感じた」（322頁）。自意識の球体に閉じこめられたアミエルは、「意識の意識」が自己の崩壊を招くことを知りつつも、そこから逃れられなかった。ペソアは、アミエルとは逆に、意識することのいくつもの可能性に賭けた。ソクラテスは、自分の無知に気づかずに生きているひとびとに「汝自身を知れ」と語りかけたが、ペソアは、「『意識的に汝自身を知るな』」（３０８頁）、「意識的に自分自身を知らないことは、能動的に逆説を使うことに他ならない」（３０８頁）と述べた。「自分自身を知らないという状態を辛抱強く、かつ表出的に分析すること、人間の意識の無意識を意識的に書き留めること」（同頁）を偉大な人間の課題であると考えたからだ。

ラヒリは、言語の三角形の額縁のなかに自分の求める姿を見つけられなかった。ペソアは、自分の魂のなかをじっとのぞきこみ、変転する自己の姿をたえず追い求めた。「断章」26と33を引用してみよう。

私たちのなかには　無数のものが生きている
自分が思い　感じるとき　私にはわからない
感じ　思っているのが誰なのか
自分とはたんに　感覚や思念の
場にすぎないのだ　（32頁）

私の魂は隠れたオーケストラだ。私の中で演奏され鳴り響いているのがどんな楽器なのかは知ら

ない。弦楽器、ハープ、ティンパニー、太鼓。私は自分のことを交響曲としてのみ知っている。(36頁)

自分のこころをよくのぞくひとには、共感できる断章だろう。こころのなかには、事物のように特定の位置を占めるものがない。心象や感覚や思念は、つかのま現われて、沈んでいく。それらに感情がむすびつくと、直ちに内界の表情が変わる。こころのなかではまた、意識が過去、現在、未来を自由に行き来し、内部の空間を光と闇の交錯する風景へと変えている。「私」の内部は、多様な意識が相互に浸透するはてしない舞台なのだ。

ペソアの視線は、こうした風景をみつめる「私」の方にも向かう。この「私」とは誰なのだろうか。この「私」の背後に回って、その姿をとらえることはできない。内部を見つめる「私」は、見つめられる「私」にはならないのだ。ペソアは、断章43でこう書く。「わたしとは、私と私自身とのあいだのこの間である」(40頁)。われわれとは、まさしく「私」と「私」自身との間を生きる存在なのであり、石や岩のように、それ自身とひとつになって存在することはできない。「間」はわれわれの現在に偏在する亀裂であり、それを通じて「私」にいくつもの心象的な世界が開かれる。断章29と36には、「私」と「私」自身の間の「へだたり」によって生まれる光景が印象的な仕方で切りとられている。

私は自分自身の風景
自分が通るのを私は見る

さまざまにうつろい　たったひとりで
私は自分がいるここに　自分を感じることができない　（34頁）

私は自分自身の旅人
そよ風の中に音楽を聞く
私のさまよえる魂も
ひとつの旅の音楽　（38頁）

ペソアの描く「私」は、「私」によって見られる「私」であると同時に、「私」の存在を見つめる「私」でもある。しかし、後者の「私」は「ここ」という特定の場所にはいない。この「私」は、不断に「ここ」をすり抜けている、いわば「不在の中心」なのだ。ペソアはこうも言う。「ある瞬間の私が、次の瞬間にはまるで別人になっている」（101頁）。モンテーニュ（1533〜1592）は、食事の前後ではひとが変わるという意味のことを述べたが、ペソアにとって、生きるとは、まさに別人になること（80頁参照）、刻々と推移して、別の存在へと姿を変えることにほかならなかった。ときには、その姿が風景となって現われてくる。ときには、ペソアの魂が旅の音楽として聞こえてくる。

ペソアは誰も愛したことがなかった。アミエルと同様に生涯独身をつらぬき、書くことに徹した。「いちばん愛したものは、自分の感覚だ――つまり意識的に見るという状態、耳をそばだてるときの聴覚の印象、香り（中略）――こういったものこそが、他のなにより多くの現実と感動を与えてくれるのだ」（223頁）。ペソアにとって、「私」とは、「あらゆるもの――自分の心も含めて――の通行人」（同頁）であり、「非人称的な感覚の抽象的な中心、偶然に世界に落ちてきて、その多様性を映し出す感覚する鏡」（223〜224頁）でしかなかった。

ことばは、ひととひととの間をむすびつけ、対話の場所を開く。ペソアは、ことばによって「私」と「私」との間を意識し、自分との対話に生きた。

12月—1 カナダ文学の一面
——多文化主義のゆくえ——

アリス・マンローの『ディア・ライフ』（小竹由美子訳、新潮社ライブラリー、２０１３年）は、「短篇の女王」とよばれた作家の最後の短篇集である。

マンローは、１９３１年にカナダのオンタリオ州の田舎町に生まれた。１９６８年に出版された最初の短篇集はカナダ総督文学賞を受賞した。その後も短篇集を書き続け、２００５年には、「世界でもっとも影響力のある１００人」のひとりに選ばれた。マンローのノーベル文学賞受賞（２０１３年）の報に接した作家のジュンパ・ラヒリは、こう述べている。「短篇にはなんでもできるのだということを、わたしはマンローから教わった。マンローは短篇という形式をひっくり返してくれたのだ。より深く探りたい、壁を打ち倒したいという気持ちを起こさせてくれた。人と人との関係、人間の心理の不可解さは、なおも文学の核心であり原動力なのだとマンローの作品は証明している」（３８６〜３８７頁）。

マンローの短篇は、いずれも、家庭生活や、自分の身の回りの世界でおきる出来事を見つめ、ひとがひとと係わって生きることや死ぬこと、愛すること、争うことなどの諸相を静かな筆致で描き出している。ひとりひとりの心理や行動に対するマンローの徹底した観察と思索が、短篇のなかに緻密に織りこまれている。日常の生活は、ありふれた出来事の連続のようにも見える。しかし、よく注意してみると、しばしば、出来事のひとつひとつに深い意味が隠されていることが分かってくる。マンローの短篇は、些細な出来事のなかに潜む意味をみごとにすくいあげている。

この作業を支えるのが記憶と想像力の働きだ。マンローは、記憶を介して過去の出来事をよみがえらせながら、ありえた話、ありうる話を紡ぎだしている。訳者は、「あとがき」のなかで、マンローがあるインタビューで語ったことを紹介している。「『わたしたちは記憶によって、自分の物語を自分自身に語り続ける――そして他人には、自分の物語のいささか違うバージョンを語る。絶えることのない語りの力なくしては、人生を掌握することはできない』」（390頁）。

『ディア・ライフ』には、「日本に届く」「安息の場所」「プライド」「湖の見えるところで」など10篇の創作と、「フィナーレ」として、「目」「夜」「声」「ディア・ライフ」と題する4篇の自伝的色彩の濃い作品がおさめられている。

「目」は、幼年期の回想である。「わたしが五歳のとき、両親は突然男の赤ん坊をこの世に生み出し、あんたがいつも欲しがっていたでしょ、と母は言った」（310頁）で始まる。のっけから、母親に対する「わたし」の違和感や、遠慮が前面に出てくる。「不思議の国のアリスが巨大になってウサギの穴から出られなくなるところでわたしはひどく悲しくなったが、母が楽しそうなので笑った」（311頁）。母親べったりの生活は、セイディーという女性が働きにくるようになって変わる。「母といる時間が少なくなると、わたしは何が本当で何が本当ではないか、考えられるようになった。このことを誰にもしゃべってはいけないということは、ちゃんとわかっていた」（同頁）。

セイディーの趣味はダンスだ。「毎週末ダンスに行っていたが、ひとりで行くのだ。自分ひとりで、自分のために、と彼女は言った」（314頁）。ダンスホールでは、男たちの誘惑をきびしくはねつけ、自分のために踊っていた。セイディーは、男に捕まりはしないかと怖がっているわたしにこう語りかける。「この世には怖がらなくちゃならないものなんかひとつもないんだよ、自分でちゃんと気をつけてればね」（315頁）。「わたし」は、さっそうと生きるセイディーに強くひかれる。

回想は小学校時代の葬儀で出かける場面に移る。セイディーは、ダンスの帰りがけに後ろからきた車にはねられて命を落とした。「わたし」は、母に連れられて教会での告別式に向かう。柩におさめられた遺体をおそるおそる見ているときに、「わたし」は、不思議な体験をする。「わたしには見えたのだ。わたしのほうの側のまぶたが動いたのだ（中略）もしも彼女なら、彼女の内側にいたならば、まつげのあいだから外を覗けるくらいごくわずかに持ち上がったのだ」（324頁）。「そのときわたしは驚かなかったし、ちっとも怖くはなかった。たちまちこの光景はわたしがセイディーについて知っているすべてとなり、それに、なぜかまた同時に、わたし自身にかかわる何か特別な体験となった。（中略）それは完全にわたしのためのものだった」（324頁）。

不可思議な現象は一度限りで、セイディーの記憶は「けっこう速やかに」（同頁）薄れていく。「学校という衝撃のせいもあったのだが、わたしはそこで、ひどくびくびくすることと自己顕示欲を奇妙に混ぜ合わせてなんとかやっていくことを学んでいた」（324〜325頁）。その後も、「わたし」は、セイディーのことを思い出すときには、超自然的な現象がおこったということを信じていたが、「ある日、たぶんもう十代になっていたかもしれないが、自分の内面に薄暗い穴を抱えたわたしは、もうあれを信じてはいないと自覚したのだった」（325頁）。

余韻の残る結末である。結論めいたことはなにも語られない。小説のなかの時間が、読者のこころの時間に反響をもたらして消えない。

キム・チュイの『小川』（山出裕子訳、彩流社、2012年）は、ベトナム系カナダ人作家の第一作である。この作品もカナダ総督文学賞を受賞し、英語、イタリア語、ドイツ語、スペイン語、ポルトガル語などに翻訳されている。

キム・チュイは、1968年、ベトナムのサイゴン（現在のホーチミン市）に生まれた。1975年のサイゴン陥落によって国外脱出を余儀なくされ、ボートピープルとしてマレーシアの難民収容所にたどりついた。10歳のときに、カナダに難民として受け容れられた。モントリオール大学を卒業後、いくつかの職業を経て、執筆活動に専念するようになった。彼女は、移民に開かれた政策をとるカナダにおいて、中国系、日系の作家などとならんで活躍している。

『小川』は、チュイの自伝的な小説である。ベトナム時代の経験、家族や親戚のこと、難民収容所での出来事、カナダでの移民生活などの記憶が断片的につづられている。文章全体は、タイトルから連想されるように、静かに流れているが、その背後には、激流が渦巻いている。文体の静と、難民になるという過酷な経験を語る内容の動の対比が鮮烈な作品である。激流にのまれた者でなければ書けないことが淡々と書かれている。読者は、著者の記憶の濾過作用によって変容された出来事を、想像力によって再現しなければならない。

サイゴンから逃れるひとの苦難は、つぎのように描かれている。「『ボートピープル』、つまり、海路で逃げ、生き延びた人たちを受け入れるために、赤十字はベトナムの隣国に難民キャンプを作った。そこまで辿り着けなかった人たちは、逃げている間に海に落ち、『ボートピープル』にすらなれず、名もなく死んでいった。私は硬い土の上に直に横たわることができたのだ。二百人しか収容できない難民キャンプに受け入れられた二千人の難民の一人になれたという、神の祝福を受けた身なのだ」（20頁）。難民キャンプでの生活の一部はこう語られている。「母とその友人は、私たちに英語を教えてくれた。私たちは毎朝、わけもわからないまま、後について英単語を繰り返した。キャンプにいる二千人の人々の糞尿でいっぱいになった穴がすぐそばにあるというのに、彼は遠いところに美しい地平があることを教えてくれた。彼の顔を見なければ、糞尿の臭いがせず、蛆虫もいない地平は、想像できなかっただろう。食糧配給の時間に地面に投げ出される傷んだ魚を食べなくていい日が来ることを、想像することはできなかっただろう。きっと、夢をつかむために腕を伸ばそう、という気持ちをも失っていただろう」（22頁）。

用あってサイゴンに戻ったチュイが目にした個室の光景は、こう表現されている。「その中では、六人の少女が壁ぎわに並んで立っていた。踵の低い靴を履いて、派手目の化粧をした彼女たちは、細い体を震わせ、チカチカするネオンの灯りの下に裸で立っていた。六人の男たちが、丸めてゴムで縛った百ドル札を矢にし、少女たちを的に、ダーツ投げをしていた。紙幣の矢は弾丸のような速さで煙った部屋を横切って、少女たちの透明な肌に当たった」（121頁）。チュイは、カナダで入れ墨をした少女を見て感想をもらす。「モントリオールで、入れ墨などで自分の肌に消えない傷をつけている若い女の子に出くわすと、肉眼では見えない、消し去ることのできない、深い傷を肌に負っている少女たちを見てほしいと願わずにはいられない。二つの傷を並べて、比べてみたい。飾りの傷と、負わされた傷を。金を払って得た傷と、支払われて得た傷。一方は目に見え、もう一方は目に見えない。一方は肌を彩り、もう一方は肌の奥底に沈んでいる」（123頁）。入れ墨をする女の子は、家庭や人間関係に起因する、目には見えない傷を肌に刻んで見えるものにしているのかもしれない。サイゴンの少女たちは、受けた傷をこころの奥底に刻んで生きなければならない。

マーガレット・アトウッドの『負債と報い　豊かさの影』（佐藤アヤ子訳、岩波書店、2012年）は、2008年に行なわれたマッシー連続講演の記録である。1961年に始まったこの講演には、カナダの批評家のノースロップ・フライ、アメリカの言語学者のノーム・チョムスキーなどが登場している。アトウッドは、1939年にカナダの首都オタワに生まれた。カナダを代表する作家・詩人である。児童書、評論、戯曲、ノンフィクションなども手がけ、幅広い活動を展開している。近年は、環境問題に関心をもち、2010年に開催された「第七十六回国際ペン東京大会二〇一〇　環境と文学『いま、何を書くか』」で基調講演を行なっている。

『負債と報い　豊かさの影』（原題は、PAYBACK Debt and the Shadow Side of Wealth である）のテーマは、著者のことばによれば、「人間の複合概念としての負債」（2頁）、「想像上の複合概念」（同頁）を取りあげ、「飽くなき人間の欲望と強烈な恐怖をこの複合概念がどのように映し出し、拡大しているかを探ること」（同頁）である。この講演の狙いのひとつは、欲望にかられて「借金して生きる」という人間と、人間の欲望を巧妙に利用し、刺激して稼ごうとする営利組織のたくらみの裏に潜むものがなにかを、古代にまで遡る歴史的な視野のもとで暴き出そうとすることである。質屋の歴史が語られ、『聖書』の内容が分析され、「負債」という概念が検討されている。この概念は、さらに文明論的な考察の文脈に取り入れられて、破局へと向かう現代文明の危機との関連でも論じられている。

アトウッドの根本的な関心は、つぎの発言に集約されている。「人は、存在しているというだけで誰かに、もしくは何かに負債を負っているのではないか。もしそうなら、どんなツケを誰に、あるいは何に負っているのか。そして、どう返すべきなのか」（1頁）。負債は、人間同士の関係だけでなく、人間と自然、地球との関係にまで広げて考察されている。

本書は、「古代の貸借均衡」「負債と罪」「筋書きとしての負債」「影なる部分」「清算」の5章からなっている。クライマックスは、第5章の「清算」である。アトウッドは、この章でそれまでの章の内容を振り返っている。それを参考にして、まとめてみよう。第1章では、人類が古くから持つ「公平、均衡、正義の意識」（173頁）が取りあげられ、その基礎の上に、金銭的、道徳的な債務と返済の精巧なシステムが築かれてきたというアトウッドの見解が述べられている（174頁参照）。第2章の主題は、借金と罪のつながり、負債と記憶、負債と契約書の関連である。第3章では、負債が西欧の小説の支配的なテーマであったとして、シェイクスピアやチャールズ・ディッケンズの小説が引き合いに出されている（175頁参照）。第4章では、負債と清算のダークな側面、すなわち「債務者監獄、高利貸の非合法な取り立て戦略、債務者の一掃、重く不公平すぎる税金を課す統治者への反乱」（175〜176頁）などの話題が提供されている。

アトウッドは、第5章では、人類の自然に対する負債という問題の行く末を、「精霊」にこう語らせている。「人類の科学技術システムは、人が注文したいと思う物を何でも挽き出せる挽き臼だ。でも、その機械の止め方を誰も知らない。科学技術による能率的な自然からの搾取の最終的な結末は、生命のない砂漠だろう。天然資源は、生産の機械によって食いつぶされて使い果たされてしまうだろう。その結果、自然へのツケは無限になっていく。しかし、それよりはるか前に、人類の支払い期限が来るんだ」（215頁）。彼女は、フィクションとして悲観的な見方を提示したあと、現実的な提言を行なっている。「恐らく、私たちは自分たちの暮らしのありようの本当のコスト、さらには、生物が生息する生存圏から私たちが取り出してきた天然資源の真のコストを算定してみる必要があるでしょう」（217頁）。

第5章の結末は、所有の欲望に追われて、傲慢にふるまう人間の狭隘さを撃つ文章で終わる。「自分は本当に何も所有してないのだ、とスクルージは思います。自分の肉体でさえも。自分が持っているものはすべて借りものにすぎない。本当の金持ちじゃないんだ。大きな負債を抱えているのだ。どうやって借りを返していけばいいのだろうか。どこからはじめるべきなのだろう」（217頁）。アトウッドの「終末」を見すえたうえでの問いかけは、借金をし、その返済に終われて忙しくて生きるひとには届かない。しかし、われわれが地球に仮住まいしている身にすぎず、その間、自然の恵みを受け、自然に借りをつくって生きているのだとすると、その借りを返すためになにができるのだろうかと考えはじめることを避けてはならないだろう。

アトウッドには『サバイバル　現代カナダ文学入門』（加藤裕佳子訳、御茶の水書房、1995年）という著作もある。カナダ文学の諸相を知るには格好の本である。カナダ留学や、カナダで働くことを考えるひとには、特に読んでほしい。

12月—2
アイルランド
——文学のレガシー——

ショーン・オフェイロンの『アイルランド　歴史と風土』（橋本槇矩訳、岩波文庫、1997年）は、アイルランドの作家によって書かれたアイルランドの歴史である。著者のことばによれば、そこに描かれているのは、「アイルランドの民族精神の発展の歴史」（9頁）、「国家としてのアイルランドの文明の発達史」（同頁）である。本書は、民族主義的、政治的な観点から書かれた書物でも、客観的資料にもとづく社会史でもなく、アイルランド精神史の試みである。

ショーン・オフェイロン（1900〜1991）は、英国の植民地国家であったアイルランド南西部のコークに生まれた。英国の文化になじんで育ったが、16歳のときにおきた「イースター蜂起」（アイルランド独立をめざした、共和主義者による武装蜂起）によってアイルランドの民族主義に目覚め、1918年には義勇軍のメンバーになった。彼は、英語綴りの名前であるJohn Whelanをアイルランド語綴りのSean O'Faolainに改めた。のちに、彼らが抱く理想と現実の間のギャップに気づき、民族主義的な活動に懐疑的になった。

その後、奨学金を得てアメリカに留学し、ハーバード大学で英文学の学位を取得し、ボストン・カレッジでアイルランド文学を講義した。1929年にアメリカから英国に移り住み、教師の傍ら創作を続け、1932年に最初の短編集『真夏の夜の狂気』を出版した。同年にアイルランド文芸協会の会員に推挙され、母国に戻って文筆活動に専念した。

本書は、「緒言」第1部「根」第2部「幹」第3部「六つの枝」からなる。アイルランドの歴史が一本の樹木にたとえられている。第1部は、ケルト人、偉大な神々の死、詩人たちの世界といった精神のルーツの探訪である。第2部はアイルランドの歴史と切り離すことのできない宗教的対立の諸側面を扱っている。第3部では、アイルランドを形成してきた6つの「枝」、すなわち、新農民、アングロ・アイリッシュ、反逆者、司祭、作家、政治家について語られる。

オフェイロンの作家論の一部を見てみよう。「テーマが冷淡な孤立のなかで存在することを止めたとき、初めて人間のすべての状況を情熱的に思考する作家の血肉の一部となる。（中略）私たちアイルランド人は深く考え、リアルに表現する段階にまだ達していない」（221〜222頁）。こう述べたあと、彼はイェイツとジョイスに言及する。彼によれば、前者はロマン主義者、後者はリアリストである。「知的自由、想像力の自由を求めるアイルランドの永い探求の最終段階の里程標がこの二人である」（222頁）。「アイルランドの英語文学は、先祖の記憶、数世紀にわたる痛ましい政治闘争、冷酷な永い植民地支配によってもたらされた血と才能の混合、絶えざる海外移住・帰国から生まれる知的輸血、ゲール文化のアイルランドに課せられた英語と英文学の傑作（中略）などから生まれた」（223〜224頁）。

このような特殊な文学状況のなかに屹立するのが、イェイツとジョイスの二大巨人である。しかし、先にあげた「冷淡な孤立」からふたりが免れているわけではない。イェイツは、内的な夢想に耽溺するあまり、現実の細部を正確に観察することなく、想像世界の彼方へ飛翔してしまった。他方でジョイスは、異常なまでに細部にこだわり、現実世界以上に現実的な、グロテスクなまでに肥大化したもうひとつの現実を構築しえた。だが、このふたつの極を横断していくようなあらたな文学が生まれてこないというのもアイルランドの現実である。

本書は、欠如がまた比類ない魅力でもあるようなアイルランドという国をだれよりも知りつくした作家による、アイルランド的な情熱に満ちた渾身の一冊である。

『対訳　イェイツ詩集』（高松雄一編、岩波文庫、２００９年）には、イェイツの詩の全体像を伝える54篇が収録されている。

イェイツ（１８６５〜１９３９）は、およそ50年間にわたって、詩人、劇作家として創作活動を続けた。彼は遍歴の生涯を過ごした。子供時代の３年間はダブリンで過ごし、その後ロンドンに15歳まで滞在したあと、再びダブリンに戻り22歳まで過ごした。それ以降、ロンドン、シシリー、リヴィエラなど各地を転々とし、34年間外国で暮らした。23歳で最初の詩集『アシーンの放浪ほかの詩』を出版したが、彼の遍歴と同様に、詩のスタイルも変転を重ねた。彼の詩には、アイルランドの民族意識や神話からの影響が色濃く残るものもあれば、芸術至上主義、象徴主義、神秘主義、オカルティズムといった特徴を前面に押し出したものもある。

イェイツは、１９２３年にノーベル文学賞を受賞した。真っ先に祝電を送ったのは、故郷のダブリンを離れ、パリに住んでいたジェームズ・ジョイスだったという。

つぎの詩は１９１７年に書かれ、詩集 *The Wild Swan at Coole*（Dublin, 1917）に収録されたもので

ある。Cooleは、グレゴリー家が所有していた広大な地の名称である。

The Wild Swans at Coole

クールの野生の白鳥

The trees are in their autumn beauty,
The woodland paths are dry,
Under the October twilight the water
Mirrors a still sky;
Upon the brimming water among the stones
Are nine-and-fifty swans.

木々は秋の美のさなかにあり
森の小道は乾いている。
十月の夕明かりの下で、湖水は
静かな空を映している。
岩々のあいだに漲る水面に
五十九羽の白鳥が浮んでいる。

The nineteenth autumn has come upon me
Since I first made my count;
I saw, before I had well finished,
All suddenly mount
And scatter wheeling in great broken rings
Upon their clamorous wings.

初めて数を数えてから
十九年目の秋が来た。
まだ数えきらぬうちに、
とつぜん、いっせいに舞い上り、
騒がしい羽音を立て、大きな切れ切れの
輪を作って飛び去るのを見た。

I have looked upon those brilliant creatures,

それから私はこの輝く鳥たちを見てきた。

And now my heart is sore.
All's changed since I, hearing at twilight,
The first time on this shore,
The bell-beat of their wings above my head,
Trod with a lighter tread.

Unwearied still, lover by lover,
They paddle in the cold
Companionable streams or climb the air;
Their hearts have not grown old;
Passion or conquest, wander where they will,
Attend upon them still.

But now they drift on the still water,
Mysterious, beautiful;
Among what rushes will they build,
By what lake's edge or pool
Delight men's eyes when I awake some day

そうして、いま、この心は痛む。
あれから何もかもが変った。あのときは、
夕暮れに、この河畔で、初めて
頭上に鳴り響く羽音を聞き、
いまよりも軽い足取りで歩んだのだが。

いまも倦むことなく、愛し合う同士が連れ添い
鳥たちは冷たい心地よい流れの
水を掻き、あるいは空に舞い昇る。
このものらの心は老いを知らぬ。
いずこをさすらおうと、情熱と征服欲は
つねにこのものたちと共にある。

だが、いま、鳥たちは静かな水の上を漂う、
神秘に満ちて、美しく。
どこの葦間に巣を作るのか、
どの湖のほとりで、どの池で、
人の目を楽しませるのか、ある日、私が目覚め、

To find they have flown away?

鳥たちが飛び去ったのを知るときに?

（114～117頁）

秋の美しく澄んだ自然のなかで、湖面に寄り集まって浮かぶ、若々しい白鳥と、その勢いよく羽ばたく姿を何度も見つめながら、ゆっくりと老いをかみしめていく私の哀歓との対比が絶妙だ。神秘の白鳥は永遠に残り、衰えゆく者は、心痛をかかえて時間の淵へと去っていかねばならない。目の前の不死の白鳥と死すべき自己、ケルトの物語やギリシア神話などに姿をあらわすシンボリックな存在としての白鳥とを重ねあわせて描く白鳥の歌である。

ジョン・バンヴィルの『海に帰る日』（村松潔訳、新潮クレスト・ブックス、2007年）は、過去に沈んだ記憶を丹念に追跡する男の物語である。原題は、*The Sea* である。かぎりなく繊細で、澄みきった文体で描かれた傑作である。この本を読んだあとでは、世界がいままでと違ったものに見えてくる。表紙カバーの「デイリー・テレグラフ」のほめことばは、けっして誇張ではない。「こう言った英国人がいるらしい。『アイルランド人に言葉を与えたのは我々だが、我々に言葉の使い方を教えてくれたのはアイルランド人だ』。かつてそれはワイルドであり、ジョイスであり、ベケットだった。そして今、それはバンヴィルである」。

ジョン・バンヴィルは、1945年にアイルランドのウェクスフォードに生まれた。地元のカレッジを卒業したあと、国営の航空会社に勤めた。1970年に短編集でデビューした。その後も、数々の長編小説や伝記小説などを発表し、現代アイルランドを代表する作家のひとりである。本書は、2005年に、カズオ・イシグロの『わたしを離さないで』をおさえて、ブッカー賞を受賞した。『海に帰る日』は、愛する妻アンナをがんでなくした老美術史家マックス・モーデンの妻に捧げたレクイエムである。本書には、印象的なフレーズがいくつも現われるが、小説の核心を暗示する箇所を、少し長くなるが、引用してみよう。

「父さんは過去に生きているのよ」と娘は言った。
わたしはきっぱり否定しようとしたが、思い止まった。結局のところ、娘の言うとおりなのだろう。人生は、本当の人生は闘いであり、たゆまぬ行動と確認であり、世界の壁に頭からぶつかっていく意志であり、そういった諸々なのに、振り返ってみれば、わたしはいつも自分のエネルギーの大半をただひたすらに避難所を、慰めを、そう、わたしは認めるが、ぬくぬくとした心地よさを求めることに費やしてきた。そうと気づけば、これはショッキングとは言わないまでも、驚くべきことだった。これまで、わたしは自分は海賊みたいなものだと思っていた。どんな相手にも歯に短剣をくわえて立ち向かってきたと思っていた。だが、いまや、それは錯覚に過ぎなかったと認めざるをえない。わたしがほんとうに望んでいたのは匿われ、保護され、庇われることであり、子宮みたいに温かい場所にもぐり込んで、大空の冷たい視線や刺々しい空気の痛手から身を隠して、じっと縮こまっていることだった。だからこそ、過去はこのうえない避難所だったのであり、わたしは冷たい現在や冷たい未来を振り捨てて、両手をすり合わせながら、いそいそと過去へ向かったのだろう。だが、それはそうだとしても、現実には、過去とはいったい何なのか？　結局のところ、それはかつて現在だったもの、すでに過ぎ去ってしまった現在でしかなく、それ以上のものではないだろう。だが、それにもかかわらず。（59〜60頁）

ひとは、まず現在を生きることから始めるが、年を重ねると、現在は力を失い、未来も冷たくよそよそしいものになる。その代わりに、老いた者には、際限のない、ニュアンスに満ちた過去にさまよい入る時間が与えられる。そのなかで、かつて生きられた現在が、時間の濾過を経て、さまざまに表情を変えて立ち現われてくる。少年の目がとらえていた世界や、青年の葛藤やもつれがよみがえってくる。現在の出来事は、多くの意味をはらんで経過していく。それらの意味のいくつかが、過去への遡行のなかで明らかになる。

マックスは、かつておとずれた場所に立つ。遠い記憶がよみがえってくる。昔の経験の細部がゆっくりと浮かびあがっては、消えていく。マックスは、過去の細やかな襞をひとつひとつはぎ落としていく。

マックスは現在にもどる。「夜になると、すべてがとても静かだ。まるで、だれも、わたし自身さえ、いないかのように。ほかの夜には聞こえる海の音、ときには近くからゴーゴーと、ときには彼方からかすかに響いてくる、あの海の音が聞こえない。わたしはこんなふうにひとりでいたくはない。きみはなぜこの世に戻ってきて、わたしに取り憑かないのか？　そのくらいのことはしてくれるだろうと思っていたのに。日に日を重ね、果てしない夜に夜を重ねても、いまだになんの音沙汰もない。このきみの沈黙は、霧に似ている。初め、それは水平線にぼんやりと現われたが、次の瞬間には、わたしたちはすっぽりそれに包まれて、なかば盲目になり、つまずいて、たがいに相手にしがみついた」（235頁）。アンナの不在を哀しむ現在は、すっと過去のある出来事へとつながっていく。

アンナの死の場面でも、マックスの現在は瞬時に過去とむすびつく。「アンナは夜明け前に死んだ。じつを言うと、彼女が死んだとき、わたしはその場にいなかった。療養所の階段に出て、夜明け前の黒光りする空気を深々と吸いこんでいた。じつに静かで、物悲しかった。その瞬間、わたしはもうひとつ別の瞬間を、はるかむかしの、バリレスのあの夏の海での、ある瞬間を思い出した」（250頁）。

エンディングはこうだ。「看護師がわたしを呼びにきた。わたしは振り返って、彼女のあとからなかに入っていった。まるで海のなかに入っていくかのように」（251頁）。

『海に帰る日』は、マルセル・プルーストの『失われた時を求めて』と同様に、「記憶の物語」だ。記憶は、海の光と音につつまれている。

1月―1

空海の魅力

―異次元の実存―

空海（774〜835）は24歳の若さで「聾瞽指帰」（ろうこしいき）と題する戯曲仕立ての読み物を書いた。後に、「三教指帰」（さんごうしいき）と改題され、序文と末尾の詩文が書き改められた。空海『三教指帰ほか』（福永光司訳、中公クラシックス、2003年）には、「三教指帰」と「文鏡秘府論　序」の日本語訳とオリジナルの漢文が収められ、また、本文の頁数を凌駕する緻密な注がつけられている。冒頭の解説を書いた松長有慶は、こう記している。「空海の思想では、動植物のみならず、森羅万象、生命をもたぬと思われている石ころや土砂、風や水、星や月など一切の存在物が六大よりなり、仏の世界の象徴的な表現であり、いずれも生命をもつと主張したところに特色がある。（中略）現代社会においても、改めて評価されるべき思想といえるだろう」（11〜12頁）。今日では、韓国の詩人のキム・ジハや日本の石牟礼道子などが同じ考え方を強調している。

若き空海の勉学への情熱はすさまじい。漢籍を読みふけり、記憶術の修行にも専念している。漢字と梵字、唐語もマスターしている。15歳くらいで入学した平城京の大学では、論語、考経、礼記、春秋左氏伝などの儒教的な「経書」のみならず、道教的な「緯書」も学んでいる。仏教の学習は言うに及ばない。

しかし、大学で勉学だけに励むことに違和感をもちはじめた空海は、大学を捨て、「山林出家」を敢行し、修行の道につき進むことになる。「なぜ出家するのか」、その動機を語っているのが「三教指帰」である。

「三教指帰」は、「序」と「亀毛（きもう）先生の論述、虚亡（きょむ）隠士の論述、仮名乞児（かめいこつじ）の論述」の3巻からなる。空海は、「序」で、自分の青春を回顧している。それによれば、空海は在学中に、ひとりの僧侶から「虚空蔵聞持（こくうぞうもんじ）の法（虚空蔵菩薩の説く記憶力増進の秘訣）」を教示される。その秘訣とは、この菩薩の真言を百万遍唱えれば、あらゆる経典の教えの意味を理解し、暗記できるようになるというものである（3～4頁参照）。これを仏陀の真実のことばと信じた空海は、山野での修行に身を投じた。「阿波の国の大滝岳によじのぼり、土佐の国の室戸岬で一心不乱に修行した」（4頁）。その果てにおとずれた神秘的な体験はこうしるされる。「その私のまごころに感応して、谷はこだまで答え、虚空蔵菩薩の応化とされる明星は、大空に姿をあらわされた」（同頁）。原文は、「谷不惜響　明星来影」（6頁）である。この体験を通じて、世俗の栄達よりも、山林の修行生活を望む空海の意志は強固になった。しかし、何人かの親友知己が空海の出家を引きとめようとしたため、空海は、それに抗するために「三教指帰」を書き、世間出離の教理を説き、出家宣言書としたのである。

「三教指帰」の意味は、儒教、道教、仏教という3つの教えの帰着点を指し示すということである。唐の時代にはこれらの宗教を比較して論ずることが盛んに行なわれていたといい、「三教指帰」はそれに範を求めたものである（15頁参照）。

「亀毛先生の論述」は、儒教の立場、考え方のエッセンスをまとめたものである。兔角公の館をおとずれた亀毛先生は、「親戚に、虎のように凶暴で、深酒を飲み、非道のかぎりをつくし、周りが手を焼いている青年がいるので、説教してほしい」と依頼される。亀毛先生は、「愚者は変えようがない」（23頁）と一度は断るが、「青年の心を治療し、正しい道に引き戻してほしい」と再度懇願されて、やむなく儒教の教えを語り始める。いくつか引用してみよう。「賢知の人間は優曇華（うどんげ）の花のように稀であり、痴愚のやからは鄧林（とうりん）の木だちのように無数でありますが、そのために善を願う者は麟の角のように数少なく、悪に溺れるやからは竜の鱗よりも多くひしめいているのです」（25頁）。「人は類をもって集まる」（26頁）。「人は環境によって本性を変えられていき、（中略）心も汚染されていく」（同頁）。「学問をせずに道理が悟れ、教えにそむいて物の道理がわかったためしなどありえない」（27頁）。ふらちな青年にはこう説教する。「悪に染んだ心を入れかえて、ひたすら孝の徳を実践すれば、父の死に血涙を流し、母を大切にして黄金の甕を掘りあて、厳冬に筍を引きぬき、氷のなかから鯉を踊り出させるという感応奇蹟は、そのかみの孟宗や丁蘭のやからにもまさって、日に日に善に進む美徳の名声を馳せるであろう」（30～31頁）。説教の核心はこうだ。「良い場所をえらんで住居とし、よい土地をえらんで住宅とし、道を床として据え、徳を褥として設け、仁を敷物として坐り、義を枕として横たわり、礼を蒲団として寝、信を着物として歩くことが大切である。日に日に身の行ないを慎み、季節ごとにおさおさ怠りなく、せっせと努力研鑽し、ひたすらに膳をえらんで実践していく」（32頁）。典籍はどんな忙しい時でも手から離さず、筆記具はどんなあわただしい時でも身につけていく。儒教的な徳を身につけるのは容易ではないだろうが、「本と鉛筆、ノートを肌身離さずもち歩く」のは、その気になれば簡単にできることだろう。説教はこうしめくくられる。「早くそなたの愚かな惑いを改めて、ひたすらこのわたしの教えを学んでいくことだ。（中略）孔子さまの言葉に〝耕していても飢えることはあるが、学問をすれば俸禄はそこにおのずから得られる〟とある。いかにもそのとおりだ。この言葉を帯にかきとめ、骨に刻みこむべきである」（35頁）。青年が改心し、亀毛先生の説教が称賛されて話が終わる。

「虚亡隠士の論述」は、道教の立場を明らかにする。亀毛先生の説教を傍らで聴いていた虚亡隠士は、こう批判する。「どうしておのれ自身の重病を癒しもせず、たかが他人の足の腫れやまいぐらいをむやみとあばきたてるのだ。きみのような治療の仕方なら、治療せぬほうがましというものだ」（103～104頁）。びっくり仰天の亀毛先生は、おのれを恥じて、「どうか先生、お願いします。万物の目ざめをうながす春雷のおみちびきを、どうか惜しみなくお与え下さい」（104頁）と懇願する。虚亡隠士は、「道教の最高に深淵な教説など凡人の耳に届こうはずはなく、元始天尊の秘密の道術もかろがろしく口にするわけにはいかぬのである」（104頁）と一旦は断る。再度の依頼に、「祭壇を築いて誓いを立てる」（105頁）という条件を提示し、それが果たされたあと、こう話し始める。「そなたたち謹んで聞くがよい。今こそそなたたちに不死の妙術を授け、長生の秘訣を教えてあげよう」（105頁）。道教は反世俗的な生き方を強調する。「およそ世俗の人々の熱愛するものは、求道者にとっては大いなる禁忌なのだ。もしそれらから離れることができれば、仙人となることも、むつかしいことではない」（108頁）。道教の教えによれば、世俗のひとびとが好む五穀や、辛味、酒、肉類、美女、音楽舞踊、過度の笑い、喜び、極端な怒り、悲しみなどの感情の高ぶりは生命を損ないやすいがゆえに注意して遠ざけるべきである。体内の気を養う松脂や楮の実を食し、呼吸に気を配り、適切な薬物を摂取すれば、「老いた肉体を若がえらせ、白髪を黒ぐろとさせ、長生きをし寿命を延ばし、死者の名簿から幾たびも姓名が削られ、とこしなえに生きながらえることができる」（109頁）。道教の秘術はこう語られる。「心に任せてのびのびと寝そべり、気のむくままに昇りつ降りつする。淡白で無欲、ひっそりとして声なき〝道〟の根源的な真理と一体となり、天地とともに悠久の寿命を保ち、日月とともに生の愉楽も永遠である」（110頁）。それに対して、世俗の生活はこう描写される。「貪欲に縛りつけられて、心を苦しめこがし、愛欲の鬼に呪縛されて、精神を焼きつくしている。朝夕の食事のためにあくせくし、夏冬の衣服のために追いまわされ、浮雲のように定めない富をこいねがい、泡のように空しい財物を蓄えこみ、身のほど知らぬ幸せを追い求め、稲妻のようにはかないこの身をいとおしんでいる」（110頁）。こうして、虚亡穏士の話を聴いたものたちが、「これからというもの、一心不乱に精神を練り鍛え、永く道教の教えをじっくりと学んでいきたいと思います」（111頁）と跪いて言う場面でこの巻が終わる。

最後に来るのが、仏教の立場を旗幟鮮明にする「仮名乞児の論述」である。亀毛先生と虚亡穏士の論戦の場にばったりと行きあわせた仮名乞児は、こう考えた。「溜り水のようにぽっつりとした弁舌、たいまつの火のようにちっぽけな才気の輝き、それでもこの程度にはやれる。ましておのれは法王すなわち仏陀の子である。いでや虎豹（こひょう）の威力をもつ鉞（まさかり）を抱きかかえ、蟷螂（かまきり）のちっぽけな斧（おの）を取り拉（ひし）いでくれよう」（166頁）。ふたりを説き伏せる、圧倒的に迫力に満ちた弁舌が開始される。「きみたちは最も偉大な覚れるものの教え、真理の帝王の道である仏教について聞いたことはないのか。いまきみたちのためにその教えの要点をあらまし説明して聞かせよう」（167頁）。

まず、輪廻転生する世界の姿が語られる。この世界には、その起源から現在にいたるまで、切れ目などなく、現在から起源にいたるまでにも固定したあり方は存在しない。それは、円い輪のように無始無終であり、天・地獄・餓鬼・畜生・修羅・人という六種のコースを驀進するのである（168～169頁参照）。

つぎに、〈無常の賦〉が語られる。ありとあらゆるものは、刻々と姿を変えていき、恒常的なものはなにもないという諸行無常的な世界観である。そのエッセンスがこう表現されている。「われわれ凡夫は、あたえられた体は金剛石でもなく、生まれついたこの身は瓦礫のように脆いものである。この身を構成する五つの要素は、水に映った月影が借りものであるように虚妄であり、世界を構成する四つの元素は、かげろうの束の間の存在である以上に移ろいやすい」（172頁）。諸行無常の悲惨な顚末を聞かされた亀毛先生らは、ひどく動揺し、悲しく痛ましい気持ちになって、涙が止まらない。彼らはそれまで奉じていた道が浅薄なものであることを悟り、悔い改めて、仏道の究極を教えてほしいと願う。

〈生死界の賦〉はそれに答えるものである。この賦では、まず、生死界が欲界・色界・無色界のすみずみまでをおおいつくし、東西南北の四天下の外をも取り巻いて広がり、無窮であると語られる。それはまた、一切の存在を生み出し、数かぎりないものを総括するだけでなく、あらゆるものを受け入れもしている。その世界では、「さまざまなものが重なりあい、いろいろなものがおびただしく集まりあっている。そこではどんな不思議なものも生育し、どんな奇怪なものも豊富にそろえられている」（１７８頁）。貪欲な魚類もいれば、怒りっぽいもの、ひどく愚かなもの、ひどく欲張りなものもいる。へつらいだます鳥類、存在汁物、悪口を言うもの、おしゃべり、怒鳴りちらすもの、人の顔色をうかがうものも多い（１７９頁参照）。雑多な動物類もいる。その性格描写が面白い。「おごりたかぶりと腹立ち、ののしりと嫉み、自己讃美と他人の誹謗、遊蕩放逸と恥知らずの厚顔、不信心、無慈悲、邪淫、邪見、憎悪と愛着、栄誉と汚辱、殺し屋の仲間、闘争内紛の一味などがあり、外形は同じでも心はさまざまで、種類も異なり、名目も違っている」（１７９頁）。この世界では「不殺生・不偸盗（ちゅうとう）・不邪淫・不妄語・不綺語（きご）、不悪口（あっく）・不両舌・不貪欲、不瞋恚（しんに）・不邪見の十種による精進の車も強大な邪悪の力に引きずられて悪魔鬼神の近くへと、音すさまじく駆けてゆく」（１８０頁）。

生死の海から抜け出て、彼岸の岸に渡るためには、布施・持戒・忍辱（にんにく）・精進・静慮（じょうりょ）・智慧という六種の修行が必要であり、煩悩の漂う迷いの河から船出するためには、正見・正思惟・正語・正業・正命・正精進・正念・正定の「八正」が不可欠である。その他の修行を通じて、世俗的な世界を超越することによって、究極的には、仏道の最高の境位に到達できるとされている。こうした厳しい修行をおのれに課すためには、世俗の世界にとどまっていてはならない。かくして、空海は、『三教指帰』のおしまいに、つぎの詩をおいた。

　感覚知覚の世界は衆生を溺れさせる海、
　常楽我浄の世界こそ身を寄せる究極の峰。
　この世界の束縛の苦しみを知ったからには、
　宮仕えなどやめて出家することこそ最上の道。（188頁）

『三教指帰』を書いた後、唐に渡るまでの数年間、つまり、20代後半の空海が、いったいどこで、どのような生活をしていたかは知られていない。出家の徹底が図られたせいかもしれない。この身を賭して行なう出家修行が、のちに巨人的な僧侶となる空海の土台をつくった。

　高村薫の『空海』（新潮社、2015年）は、空海についての文章を依頼され、空海の書いたものを読み、修業を行なっていた場所や高野山などをカメラマンとともに訪ね歩いている間に、「私は誰よりも生きた空海その人に会ってみたい」（185頁）と願うにいたるまでの高村の思索がしるされた出色の評伝である。これまでに書かれた、ほとんどが男性である学者や研究者による、一定の距離を置いた冷静な空海論と違い、高村はその距離をちぢめ、次第に生身の空海に出会いたいという情熱に突き動かされるようにして、しばしば情感のこもった文章を刻んでいく。カラー写真も数多く掲載されていて、空海の世界が近くなる。

「初めに」で、高村は、1985年1月の阪神淡路大震災に遭遇して以来、「手さぐりで仏教書をひもとき、仏とは何かと考え続けて今日に至っているが、それでも信心なるものにはいまなお手が届かない」(6頁)と述べている。本書は宗教への関心を深めた高村の、空海への旅の記録である。その旅を終えた高村は、巻末の松長有慶との特別対談のなかでこう語っている。「東日本大震災や世界各地の無差別テロといった現実を目の当たりにしますと、信心のない人間でももはや言葉の論理で太刀打ちできないのを痛感します。理屈を超えて身体じゅうで悲しむこと、共感すること、受け入れること、向き合うことができるのは、宗教だけです。そういう意味で二十一世紀に宗教はあらためて必要とされていると思います」(188頁)。

頼富本宏の『新版　空海と密教　「情報」と「癒し」の扉をひらく』(PHP研究所、2015年)は、人間空海の思想と行動を、「情報」と「癒し」という観点から取りあげている。著者は、空海が828年に創設した日本最古の学校である「綜芸種智院」(現在の種智院大学)の特任教授(2015年現在)であり、真言宗実相寺(神戸市)の住職である。内容の理解は容易ではないが、文章は明快に書かれている。この本を読むと、著者が「はじめに」で述べている「空海という人間は、時代(時間)と地域(空間)を越えて私たちに発信する内容と意義を多分に備えていることを確信している」（４頁）という言い方を素直に肯定できる。空海の全体像をつかむのには最適の本である。

1月—2
文学の挑戦
——イーユン・リーと閻連科——

イーユン・リーのデビュー作『千年の祈り』（篠森ゆりこ訳、新潮クレスト・ブックス、２００７年）は、10の短編からなっている。２００５年にアメリカで出版されると、第一回のフランク・オコナー国際短編賞、ガーディアン新人賞などを受賞し、リー自身も、『ロサンジェルス・タイムズ』で05年の「注目すべき人物」のひとりに選ばれた。

イーユン・リーは１９７２年、北京で、核開発の研究者の父と、教師の母のもとに生まれた。文化大革命の嵐が吹き荒れていた時期だ。１９８９年におきた天安門事件とその余波は、17歳のリーに政治や国の体制について考える機会を与えた。その2年後に北京大学に入学し、細胞生物学を学んだ。１９９６年に念願かなって渡米し、アイオワ大学の大学院で免疫学の修士号を取得し、博士課程ではアレルギーやぜんそくの研究にとり組んだ。

その後、自分の作家願望に気づいたリーは、同大学の創作科に入りなおし、作家への道を歩き始めた。

ひとは、自分が選んだのではない社会に生まれて、生きていかなければならない。その社会が自由を疎外する抑圧的な社会であれば、自由を求める魂にはストレスがかかる。訳者のあとがきによれば、リーは、政治的な意見をはっきり言えない環境、古い価値観に拘束された共同体といった二重三重の抑圧を受けている間に、次第に自分の発言を自己検閲するようになったという（２３０頁参照）。中国語で書くことが困難になったのである。しかし、彼女はアメリカに渡り、英語というあたらしい言語を獲得して、自己検閲を脱し、中国語では書きにくかったことが表現できるようになった（同頁参照）。リーは、「千年の祈り」のなかで、娘にこう語らせている。「『父さん。自分の気持ちを言葉にせずに育ったら、ちがう言語を習って新しい言葉で話すほうが楽なの。そうすれば新しい人間になれるの』」（241頁）。

本書の短編には、体制や古い慣習などに翻弄されて生きるひとびとが登場するが、老境をむかえたひとの描き方は秀逸である。訳者は、「『自分でないものを想像し、見知らぬものを親しいものとし、親しいものを神秘化する作家の能力こそ、その力をはかる尺度となる』」（246頁）というトニ・モリスンのことばを引いて、リーの想像的な力の卓越性を高く評価している。

「あまりもの」は、51歳で名誉退職を迫られた林ばあさんのその後の顚末を描いた短編である。年金が支給されるあてはなく、いくらつつましい生活をしても、わずかな貯金は2年以内には底をつく。近所に住む王さんの紹介で、奥さんをなくした76歳の唐じいさんと結婚することになる。老人は高血圧で糖尿病をかかえ、アルツハイマーにもかかっている。介護の日々が2カ月続くが、唐じいさんは転倒がもとで亡くなる。介護上の不注意を責められた林ばあさんには一銭の遺産も入らない。息子の口利きで、私立学校の寮で働き始めるが、児童のひとりの失踪騒ぎの責任を問われ、解雇されて出ていくという話である。終わりの方の文章を引いてみよう。「林ばあさんは道の上に座りこみ、弁当箱を胸に抱く。みんなお腹をすかせているのに、誰も老女から弁当を盗もうとしないのは不思議だ。おかげで彼女は大事なものをなくしたことがない。弁当箱の中には三千元の解雇手当が無事に入っている」(27頁)。ひととの間に波風をたてたりせず、他人の言うがままに流されるようにして生きる林ばあさんの行動がたんたんと描かれているが、哀切感が迫ってくる掌編である。

「千年の祈り」は、お互いにすれ違う父と娘の会話を軸にして、過去にこだわり、人間関係に苦労して生きていかざるをえない人間の生の断面を透かし彫りのように浮きあがらせる傑作である。ことばを介するがゆえに葛藤にはまりこむ親子の関係と対照的に、お互いのことばが通じないままに親密な交流を続ける父とイラン人の女性との関係が描かれる。

ロケット工学者として働いていた石氏は、離婚した娘の身を案じて中国からアメリカの中西部の町にやってくる。そこで77歳のイラン人女性と親しくなる。「二人とも英語がほとんど話せないのに、おたがいの言いたいことが容易にわかる。それでたちまち友達になった」(227頁)。ふたりは幸福な時間を享受する。

娘の家では、おたがいのこころに響くことのない冷たいことばのやりとりが続く。娘の日常や職場のことを根掘り葉掘り問いただし、ときに説教を交える父に、娘はいらだつ。自分のことを棚にあげて娘を責める父への怒りが強まる。娘は、「眼鏡の奥でかっと目を開けて、容赦ない視線で見すえている」(231頁)。険悪な会話は、娘の外出によって断ち切られる。

翌朝のイラン人女性との会話で、石氏は、「修百世可同舟」という諺を口にする。「〈たがいが会って話すには――長い年月の深い祈りが必ずあったんです。ここにわたしたちがたどり着くためにです〉」（２３３頁）。この短編のテーマが、この諺に集約されている。

その日の晩に、父と娘の間で、とげとげしい会話が再び始まる。こんな調子だ。

「母さんは父さんに話をさせることができていた？」これまで見たことがないほどけわしい目が、父の目をまっすぐ射る。

「お母さんならそんな挑戦的な態度はとらない」

「父さん。わたしが無口すぎるって最初は責めていたわよね。それで話しだすと、今度は話し方がまちがってるって言うの」

「質問をするだけが会話じゃない。会話ってものは、相手について思っていることを話して、それで自分のことをどう思うか言ってくれるように相手をうながすもんだ」

「あら。いつからセラピストになったの」（２３５〜２３６頁）

娘の離婚についてのふたりの会話もすれちがう。

「わたしが夫とよく話をしなかったのがまずかったのよ。わたしが無口なもんだから、いつも何か隠してるんじゃないかとあの人はうたがってた」

「愛人を隠していたんじゃないか」

その発言は無視される。「話をしろってあの人に言われれば言われるほど、黙って一人でいたくなったの。話すのが下手なのね。父さんが言ったみたいに」

「嘘だ。電話でいま、あんなにべらべら話してたじゃないか。しゃべったり、笑ったり。売女みたいに！」

どぎつい言葉にぎょっとして、娘の目が石氏の顔に釘づけになる。しかししばらくするとおだやかな声で答える。「ちがうのよ。英語で話すと話しやすいの。わたし、中国語だとうまく話せないのよ」

「くだらん言い訳だ！」（240〜241頁）

この後の会話で、石氏が仕事のことで母にも娘にも嘘をつき、夫婦関係にもひびが入っていた過去が暴かれる。冷え冷えしたふたりの関係を見つめながら、次第に無口になっていかざるをえなかった娘の過去も明らかになる。

イラン人女性と別れる前の会話で、石氏は自分が偽装していた過去を語る。38年間の研究所勤務のうちで、ロケット工学者として働いたのは最初の3年間だけだった。カードパンチャーをしていた女性と親しく話すようになり、不倫関係を疑われたためだった。「たしかに愛はあったが、みんながうたがうような愛ではない——いつもある程度の距離を置いていて、手も触れたことはなかった。しかし、何でも話せる愛、心が触れあう愛はあった——それも愛ではないのか」（244頁）。石氏は、不倫を認めて自己批判すれば、ロケット工学者として働くことを約束されたが、それを拒否し、養成訓練を受けた者のなかでは最低の地位の仕事に回された。それ以降、石氏は、「仕事中は威厳をたもち、終わると仕事で頭がいっぱいの無口なロケット工学者として、妻のもとへ帰った」（245頁）。

閻連科の『年月日』（谷川毅訳、白水社、2016年）は、はるか大昔、日照りが続く村にただひとり残り、メナシという名の盲犬と、一本のトウモロコシの苗を守り育てるために奮闘する老人の物語である。老人は、盲犬と一緒にねずみの肉を食って生き延び、狼との緊迫した対決にも勝利するが、最後には、トウモロコシのために自分の身を捧げる。

この作品は、1997年に雑誌『収穫』に発表され、同年の第2回魯迅文学賞を受賞した。いくつかの外国語にも翻訳されている。フランスでは2009年に仏訳が出版され、翌年には、フランス国家翻訳賞を受賞している。フランスの国家教育センターが、中高生向けの推薦図書に選定している。

閻連科は、1958年に河南省の寒村に生まれ、幼少期は飢えと孤独のなかで過ごしたという。高校を中退し、出稼ぎ労働者として働き、家計を助けた。20歳の時に人民解放軍に入隊し、部隊内に設けられた創作学習班に参加し、作家としての腕を磨いた。

著者は、「もう一人の閻連科――日本の読者へ」のなかで、この作品の成り立ちについてこう語っている。「あの年の何月何日のことだったかは覚えていませんが、病気の治療のため西安に行く途中、悲愴感にさいなまれながら、だだっぴろい、人っ子一人いないトウモロコシ畑を一人で歩いているとき、突然頭が爆発したかのように、『年月日』の物語と登場人物が、轟音を上げて私の中に入ってきたのです。目の前にはっきりと立ち現われたのです。その衝動――降りてきたインスピレーションのもたらした戦慄は、それ以後経験したことはありません。インスピレーションとの遭遇はしばしばありますが、あれほど強い戦慄を感じたことは後にも先にもありません」（147頁）。腰と首のヘルニアで苦しんでいた閻連科は、車椅子に横たわり、特性の執筆ボードに向かい、ひたすら書いて、書いて、書き続けて『年月日』を完成させたという（147～148頁参照）。一種の「お筆書き」経験がこの作品の源にあるのだ。

『年月日』は、長期の猛烈な日照りで誰もが村を離れるなかで、ただひとり村に残った先じいとメナシの楽しく、愉快な交流を、パワーにあふれた文章でつづる物語である。先じいがメナシに話しかけると、メナシがしぐさで答える。老人と犬の友情は濃く、深い。おしまいの方で語る先じいのことばが、なによりもそれを象徴している。「泣くんじゃない。わしが死んだら獣に生まれ変わっておまえになる。お前が死んだら人に生まれ変わってわしの子どもになるんだ。これまでのように仲良くやっていこうじゃないか」（132頁）。

自然に関する描写力の強い文体も特徴的だ。冒頭の文章を読めば一目瞭然である。少し長くなるが、引用してみよう。「はるか大昔の日照り続きのその年、年月はあぶられ、ほんのひとひねりで灰のようにボロボロ崩れ、日々は燃えている炭のように張りつき、手のひらをジリジリと焼いていった。毎日毎日数珠つなぎに出てくる太陽は、飽きもせず頭上にかかっていた。先じいは、朝から晩まで一日中、自分の髪の毛が黄色く焼ける焦げ臭さを感じていた。手を空に伸ばすと、またたく間に爪が焦げる黒いにおいがした」（３頁）。日光に関する印象的な描写は次々に出てくる。「斜めに差しこんでくる日の光が金色の液体となって村中に流れこみ、死んだような静けさの中、家の軒先から日の光がサラサラこぼれ落ちていく音が響いてくるようだった」（24頁）。「日の光が強くなると光が重さとなってのしかかってくるのだ」（48頁）。「日の光がぶつかり合っても、月の光が地に落ちても澄んだ音が響いてくるようだった」（１４３頁）。

ネズミの大群の大移動するさまも迫力に満ちた描写だ。「北の方から雨音がとぎれとぎれに聞こえてくる。先じいにはそれが雨ではなく、ネズミの隊列がやってくる音だとわかっていた。（中略）尾根を越えてやってくるものは、とてもネズミには見えなかった。道に沿って襲ってくる洪水だった。青紫のネズミの叫び声が洪水の先端となって狂ったように暴れながらネズミの軍団を引っぱり、波のような隊列がうねりながら前へ前へとあふれんばかりになだれこみ、近づくにつれてその音は小雨から天地をどよもす暴風雨となった」（65頁）。

この小説のクラマックスは、トウモロコシを実らせるために先じいのとる究極の犠牲的な行動の場面である。「大バカもんが、トウモロコシは実をつけるときに一番肥料がいるんだってことがなんで思い出せなかったんだ！」（１２９頁）。先じいは、トウモロコがよく実るために、自分を肥料にすることを決意する。先じいは、「トウモロコシの根が出ている方の壁に張りつくように横になり、むしろを頭から足まですっぽりかぶった。土をかぶせるんだ、メナシ、わしを埋めたら北へ行け」（１３７頁）。

1年後、種まきの季節に村人たちが戻ってくる。実ったトウモロコシのなかで、「爪くらいの大きさの七粒だけが真珠のように艶々としていた」（140頁）。村人たちは、トウモロコシの命をつなぎ、根と一体化した先じいの亡骸を目にして、祖先の墓に移すことを止め、メナシの死骸ともども、その場所に埋葬することにした。

訳者の谷川によれば、閻連科は講演やエッセイで、たびたび「尊厳」ということばを多用し、それは、「人生の中の気品と活力」「人生が内包する意志の力」「人生において示される気骨と風格」を意味しているという（152頁参照）。先じいは、まぎれもなく、それらの要素が凝縮したひととして造形されている。

2月——1

北欧への窓を開く

——物語の調べが聞こえてくる——

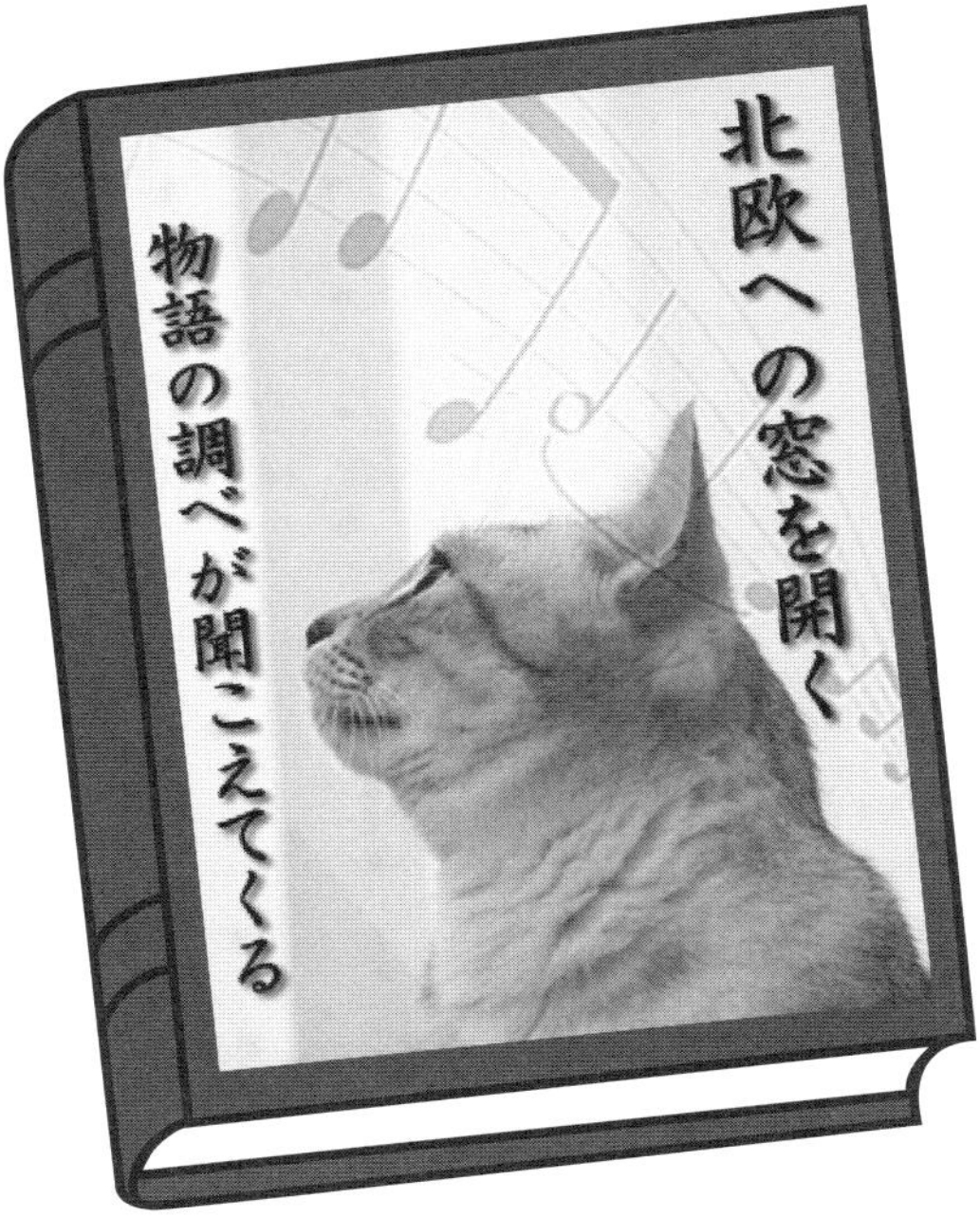
北欧への窓を開く
物語の調べが聞こえてくる

イサク・ディネセンの3冊目の著作である『冬の物語』（横山貞子訳、新潮社、2015年）は、ナチス・ドイツ占領下のデンマークで1942年に出版された。第一作は『七つのゴシック物語』（1932）で、このなかには、映画化され人気を博した「バベットの晩餐会」も含まれている。第二作が彼女を世界的にもっとも有名にした『アフリカの日々』（1937）である。

ディネセン（本名は、カーレン・クリステンツェ・ブリクセン［1885〜1962］）は、コペンハーゲンの北に位置するルングステッドで生まれた。10歳のときに、父親が自殺する。1913年、28歳のときにスウェーデンのブロル・フォン・ブリクセン男爵と婚約した。婚約者が当時のイギリス領東アフリカ（現在のケニア）でコーヒー農園の経営を希望していたため、翌年ケニアで結婚した。その翌年、夫から梅毒が感染し、ヨーロッパで治療するも、完治することはなかった。1925年に離婚が成立する。ディネセンは農園を続けたが、経営はうまくいかず、失敗者として帰国した。その後、物語の比類ない創作者としてよみがえった。

『冬の物語』は、11の短編からなる。いずれも、架空のお話であるが、味わい深い傑作ばかりだ。最初の短編「少年水夫の話」は、こう始まる。「三日続いた激しい嵐のあと、陰鬱な空の下を、帆船シャルロッテ号はマルセイユからアテネをめざして公海を進んでいた。シモンという小柄な少年水夫が、揺れる濡れた甲板に立ち、支策につかまって、流れる空を見上げていた。メイン・マストのてっぺんの帆桁に目をやった」（6頁）。少年は、解けた索が脚にからまってもがいている鳥をみつける。「『あの鳥はおれとおなじだ。あの時はあそこにいて、今はここにいる』」(7頁)と思った少年は、その鳥が何年も前に見たハヤブサに違いないと確信する。仲間意識を感じた少年は、身の危険をかえりみず、マストのてっぺんまで登って、ハヤブサをもつれた綱から解き放ち、逃がしてやった。

2年後、少年は、ノルウェー海岸の北のボーデを母港にする船の平水夫になった。ボーデで、酔っ払ったロシア水夫イワンにからまれた少年は、力づくで抱きしめられる。逃れるために、少年は大男のわきの下をナイフで突き刺し、死に追いやる。血まみれの手のまま逃亡し、途中で背の低い老婆に出会う。「『さっさといっしょに帰るんだよ』」(16頁)、少年はその老婆に以前に会ったような気がして、そのことばに従う。老婆は、追いかけてきたふたりのロシア人水夫を巧みな演出によって退散させてしまう。助けてくれた理由をたずねる少年に、老婆はこう答える。「『あれ、わからないかね？　まだわたしだと気がつかない？　地中海を航海中のシャルロッテ号、あんたの乗り組んでいた船さ。そこでマストの索にからまったハヤブサをおぼえているだろう。あの日、あんたはメイン・マストのてっぺんまで、支索を伝って登ってきて、ハヤブサを助けてくれた。ひどい風で、波も高かった。あのハヤブサはわたしだったのさ。わたしたちラップ人はよくああやって世界を見てまわる』」(19頁)。

ここまで読んでくると、不思議なことに、架空の話が現実の出来事のように思われてくる。幻想の世界と現実世界を結ぶ通路が奇蹟のごとくにつながるのだ。作者の筆力にうならされる。

10番目の短編「悲しみの畑」は、無限な自然と有限な人間存在を対比したみごとな文章で始まる。

少し長くなるが引用してみよう。「ゆるやかに起伏するデンマークの風景は、日の出前のひととき、静かに晴れやかに、神秘に満ちて、はっきりと目を覚ましていた。薄青い空には雲ひとつなく、かすかな真珠色の森や丘や畑に影を落とすなにものもない。谷間や窪地から霧が湧いて、空気は冷たく、草も木の葉も朝露に濡れていた。人の目に触れず、その活動に妨げられることもなく、田園は言葉に尽くせぬ、時を超えた生命を生きていた。

とはいえ人は、この土地に千年以上にわたって住みつき、ここの土と気候によって形づくられ、またその思いによって土地に印をつけてきた。今や、個人としての人間の存在がどこで終わり、別の人間としての存在がどこで始まるのか、だれにもわからなくなっていた。平地や丘を走る灰色のかすかな道は、外の世界への人間のあこがれを示し、また同時に、ほかのどこよりこの場所がいいという認識を示しているのだった」（282頁）。

この文章に惹かれるひとは、ぜひ続きを読んで、物語の世界に遊んでほしい。

レーナ・クルーンの『木々は八月に何をするのか　大人になっていない人たちへの七つの物語』（末延弘子訳、新評論、2003年）は、7つの幻想的な短編からなるアンソロジーである。

レーナ・クルーン（1947〜）は、ヘルシンキに生まれた。現代フィンランド文学を代表する作家のひとりである。ヨーロッパやアメリカなどで翻訳された作品も少なくない。人間のみならず、動物や植物の存在、環境保全などに深い関心を寄せている。

「いっぷう変わった人びと」は、３人の子供が主人公だ。11歳の少女インカは、うれしくなればなるほど高く宙に浮く。自力によるのではない。「これは変に努力するような類のものではなかった。起こるときに起こるだけなのだ」（９頁）。インカは、宙に浮く楽しい感覚を「心に空があるようなもの」（10頁）と説明する。インカがモミの梢くらいまで浮いた写真を見た医者の診断は「空中浮遊」で、「『単に娘さんの生まれもった才能にすぎません』」（13頁）と言うだけだ。

少年のハンノは、「『あいつには影がこれっぽっちもないんだ』」（14頁）と周りから陰口をたたかれる。「雪面を太陽が眩しく照らし、人や木や家をすり抜けて二月の雪に青く伸びた影ができているのに、ハンノには影法師がなかったのだ。まるで、いくつもの太陽がハンノを照らしているようだった」（15頁）。インカとの会話のなかで、ハンノは、自分の先祖のひとりが悪魔に影を売ったために、子孫全員の影も悪魔のもとにあるのだと重々しく語る（19頁参照）。ハンノは、インカから宙に浮く話を聞いて、同情しながらも、自分よりは楽しいだろうと言う。

ハンノとインカは、アンテロという、自分の姿が鏡に映らない少年と知り合いになる。その理由をたずねたインカに、アンテロは「『多分、おれが孤児だから』」（22頁）と答える。詳しい説明が続く。「『俺は、本当の母親と父親を知らない。だから、自分が誰なのか分からないし、俺は俺なのかも分からない。そういうことが鏡に映し出されている――もしくは、映し出されていない――と思っているんだ』」（22〜23頁）。アンテロは、鏡に自分を映して確認できないことのもどかしさを口にする。

いっぷう変わった３人は、「オリジナル・クラブ」という秘密結社をつくる。「心に青空をもつインカ、太陽の子であるハンノ、自分の鏡像を生まれつきもたないアンテロ」（34頁）の交流が続き、ときが過ぎるが、やがて3人に変化が生じる。インカは浮遊しなくなり、ハンノには影が成長し始め、アンテロは鏡のなかに自分の姿を見て、自分が何者なのかを知る。普通に戻ったインカとハンノは、変人であった過去を懐かしむ。アンテロは、鏡像の自分が年老いても、若いままだった。

「木々は八月に何をするのか」は、「狂い咲きの薬剤師」（92頁）が丹精こめてつくる庭園が舞台だ。「薬剤師の庭園は、各方角に部屋が開けているような巨大な宮殿のようだった。南向きには香気の漂うバラ園があり、ツタのからむ数々の門からは、プラタナスのような日除け木のある庭や白い花の部屋、青い花の小部屋へ通じていた」（92～93頁）。「冬の温室は、幻想的な光景を醸し出し、雪面に囲まれながら遠く村道へと燿きを放つ。野原は萎えて森は葉を落とす。でも、雪片の舞に温室の終わりのない夏が煌めいていた。吹雪がガラスを冷たく着飾るけれど、その向こうで花々の熱い色彩が揺らめいている」（93頁）。その庭園が、悲劇に見舞われる。仲間と雪合戦に興じていたアーペリという少年が、ガラスにもたれかかっている大ぶりの赤い花になんくせをつける。「『何をそんなにじっと見てるんだよ？　冬を食らいたいのか！』」（94頁）と声を荒立てて、花の顔に雪玉を投げつける。「ガラスが、ものすごい破裂音とともに冬のよるに砕けた。世界中が目覚めてしまうくらいの爆音だった。花弁の微かな煌めきが地面に落ちる。花は斬首されたのだ」（同頁）。年月が経ち、村人はこの一件を忘れたが、大打撃を受けた薬剤師は、執拗にお仕置きのときを待っていた。

青年に成長したアーペリが、婚約者にプレゼントするための花を求めて庭園に来る。薬剤師の瞳には、「冷たい閃光がちかりと煌めいていた」（97頁）。薬剤師は、「木々は八月に何をするのか」「花の知識はどこにあるのか」「時の時計は何か」という3つの質問に答えられればお金はいらないと言う。アーペリには、おかしなことを聞く薬剤師が変人にしか見えない。

薬剤師は、のどの渇いたアーペリに特別製のジュースを飲ませたあと、温室に案内する。ブドウの蔓やバナナの木、ラン、ミモザ、食虫植物、セロシアなどを見せてから、アーペリをひとり温室に残す。そのあとの出来事が、この短編のクライマックスだ。「ああ、なんてこと！　顔が木にひしめいている。何百万という平べったい煌々とした顔だ。葉の緑色の目がアーペリにつきまとう」（106頁）。「植物を形成している物質は光であり知識である。初めてアーペリは理解した。植物だって悟り、感じ、自分なりに考えているのだと」（107頁）。アーペリは気づく。「花一輪一輪に小さな神が住んでいて、それぞれの花の本当の名前は『無限の生』なのだ」（107〜108頁）。

アーペリは、婚約者にあげたい白い花を見つけるが、その花の大きさ、重さ、茎の太さに圧倒され、深い瞳から眩しい光を放つ花をもぎとることができないと悟る。「花がゆっくりとアーペリの方を向く。その顔は金色の光だった。それは気品溢れる女神だった。これまでに一度だってこんなに美しいものを見たことがない。アーペリは花の前に深く跪く」（110頁）。

庭園の外に出たアーペリに、薬剤師は3つの質問の答えを教える。「『木々は八月に根をつくります。花の知識は種にあります。そして、種は時の時計でもあるんです。そこには歴史があって、来る時代があるのです』」（111頁）。そのあと、特製ジュースを飲むと小さくなり、周りが以前とは違うように見えてくるのだと告げる。温室で見たものは幻想だったのですかと尋ねるアーペリに、薬剤師は答える。「『何を見たかなんて、どうして私が知っているのでしょう。誰でも自分の目を持っています。おそらく真実であるものを見たのです。それは、めったに見ることができません』」（112頁）。

ニルス・ウッデンベリの『老人と猫』（富原まさ江訳、エクスナレッジ、2015年）は、「ペットを飼うつもりなど金輪際なかった私が、どんなふうに『猫にぞっこんになっていったか』という物語」（6頁）である。猫によって飼い主に選ばれたと感じている老人による、猫との交流記である。猫はキティという名で呼ばれるようになった。著者は、スウェーデンの大学で医療心理学の講義を担当した。イラストレーターのアーネ・グスタフソンが愛らしい猫の挿絵をいくつも寄せている。

『老人と猫』は、仕事から解放されて、たっぷりと暇のできた70歳過ぎの老人が、じっくりとキティと向きあい、さりげないしぐさや習性をやさしく書きとめた本だ。精神分析を手がけた著者は、ついついキティのこころの世界にも入りこもうとしている。「キティといると、優しい気持ちと好奇心が同時に湧き起こる。キティはよく懐いているし、実に忠実だ。こんな気持ちになるとは本当に意外だった。恋に夢中になるのと同じで、まったく予期せぬ出来事だったのだ。キティは私の人生に大きな影響を与えている」（26頁）。

エジプトにみられる猫の文化に言及しながら、著者はこう語る。「猫は穏やかでおとなしい動物で、あまり人間を煩わせることはない。それでいて、ある種の威厳を備えているのだ。うちの小さなキティですら、居心地のいい場所を選んでくつろいでいる姿には何やら神々しさを感じる」（38～39頁）。じっと外を見つめている猫が神様のように見えてきて、つい拝みたくなるひとは少なくないだろう。

この本は、猫という生きものの不思議な魅力を伝えて、猫好きの共感をさそう。飼い主の心情の記述もこまやかで、楽しく読める一冊だ。

文学以外の分野から、北欧に関連する本を一冊だけ紹介する。

長岡延孝の『「緑の成長」の社会的ガバナンス―北欧と日本における地域・企業の挑戦―』（ミネルヴァ書房、2014年）は、スウエーデンと日本の環境政策の進化の過程を比較考察したものである。この本のキーワードは、タイトルにも示されているように、「緑の成長」である。2010年に、「緑の成長に関する宣言」がOECDの閣僚理事会で採択されたが、「緑の成長」の定義には、環境との調和を重んじ、持続可能な仕方で経済的な発展を志向したいという願いが含まれている。

著者は、本書で、緑の成長戦略に注目し、「『高福祉であるからこそ持続可能な社会が目指せるのだ』」（ii頁）という展望を示そうとしている。貴重な提言が含まれた好著である。

専門書であるが、平明な文体で書かれている。北欧と日本における社会の今後の発展のあり方について学ぶには格好の本である。

2月―2
ひとは手紙を書く生きものである

――書簡集の断面――

吉田兼好は『徒然草』の第35段で、字が下手でも遠慮することなく手紙を書きまくるのがよいので、他人に代筆を頼むのは嫌味なものだと述べた。字が下手ならば、自分で丁寧に書けばよいということだろう。パソコンやスマホの普及によって、手紙を書くという習慣は失われつつある。かつては、へたくそな字を書きなぐったような手紙や、毛筆でしたためられた上品な手紙などがやりとりされていた。文面から、書き手の体調やこころの状態までも推し量ることができる手紙には、格別の味わいがあった。

近年、便箋や切手も必要で、投函の手間もかかる手紙をわざわざ書くひとは激減した。単語登録やコピーペーストを活用して手軽に作成された文章は、メールで瞬時に送信できる。字の上手、下手を気にする必要もない。しかし、機械が刻む文字からは、書き手の個性の痕跡が消えてしまう。用件を伝えるだけの事務的なメールが頻繁に交わされる味気ない時代になった。その一方で、ラインやツイッターには、手で書くという肉体労働の縛りをはずされることで、節度や慎みを失ってしまった極私的メッセージが大量に垂れ流されている。

昔の作曲家や画家、小説家、思想家、教育者などには筆まめなひとが少なからずいた。ガンジーやローザ・ルクセンブルクのように獄中から手紙を送ったひともいた。彼らが書いた手紙のいくつかは、まとめられて本になり、だれでも読むことのできるものになった。ひそかに書かれた日記や、家族、友人、恋人に向けて書かれた手紙を書き手の死後に公刊するのは、デリカシーに欠ける行為ではあるが、それゆえにいっそう読者の好奇心をかきたてるのも事実である。他方で、手紙を書いた当人がその写しを保存しておき、書簡集として後世に残したというケースもある。ペトラルカの場合がそれにあたる。まずこちらを見てみよう。

ペトラルカ『ルネサンス書簡集』（近藤恒一編訳、岩波文庫、1989年）には、ペトラルカが親しい友人や古代人、後世のひとに語りかけた手紙が集められている。ペトラルカ（1304～1374）は、中部イタリアの町アレッツォに生まれた。戦乱が続き、ペストの恐怖が襲う時代をくぐりぬけ、放浪の人生を生きた。幼い頃からキケロやセネカ、ウェルギリウスなどの思想に親しみ、その後もアウグスティヌスの宗教書などに影響を受けながら、文学活動に専念した。叙事詩人ダンテ、散文家ボッカッチョと並んで、イタリア文学三巨星のひとりと言われる。詩人、古典学者、歴史家、地理学者、宗教作家などとして多彩な活躍もみせた。

ペトラルカが、ボローニャ大学の法学部で共に学んだ友人トンマーゾに宛てた手紙は、後年になって、亡き友を偲んで書かれた「創作的書簡」である。その一部を引用してみよう。ことばと魂についての思索が息づいている。

まことに、ことばはいきいきと魂を告げ知らせ、魂はことばを操ります。ことばは魂に依拠しています。魂は胸底にひそみ、ことばは人前に出ます。ことばが外に出ようとするとき、魂はこれをととのえて、欲するとおりの形態をこれにあたえ、ことばは外に出て、魂がどのようなものであるかを告げます。ことばは魂の意向に従い、魂はことばの証言によって信じられるのです。だから、両方の世話がなされねばなりません。こうして、魂はことばにたいして厳正であり、ことばは魂にふさわしく真に壮麗でありえなければなりません。とはいえ、魂の世話がよくなされている場合には、ことばもなおざりにされているはずがありません。逆にまた、魂に威厳がそなわっていなければ、ことばに品位のそなわるはずがありません。（33頁）

魂は、胸底にひそんでいて、だれも目にすることも、触れることもできない。しかし、ひとたびことばが文字になり、口から発せられるや否や、それは目で読み、耳で聞けるものになる。それと同時に、見聞きできるようになったことばを介して、ことばの主の魂が姿を現わす。下品な言動は、魂の品位のなさをあらわにし、ことばがきれいであれば、美しい魂が予想される。ひとびとの言動の観察を通じて、魂に注意するひとが少ないことを憂慮したソクラテスは、嫌われることをいとわず、「魂への配慮」をひとびとにすすめた。ペトラルカは、「ことばへの配慮」も合わせて強調している。魂の世話とは、ことばとの丁寧なつき合いをすることだ。魂は、ことばとの親密なかかわりを保つことによってしか磨かれない。魂とことばは、いわば、一心同体なのだ。

もうひとつ、ペトラルカが心酔する古代ローマの政治家・雄弁家キケロに宛てた、賞賛と感謝の手紙の一部を紹介しよう。文学への先導者、キケロへの愛と喜びが行間に満ちあふれている。

おお、ローマの雄弁の最高の父よ。ただ私のみならず、ラテンの詞華によっておのれを飾るほどの者はだれしもみな、あなたに感謝をささげるのです。げにわれわれは、あなたの泉によってわれらの牧場をうるおし、そして、なにを隠そう、あなたの指導によって導かれ、あなたの賛同によって励まされ、あなたの光によって照らされているのです。要するに、われわれがいくらかでも書く能力を習得し、所期の目的に到達したとすれば、それはあなたの支援のおかげと言いたいのです。（１４９頁）

ロナルド・タンブリン編の『歴史を彩る恋人たち――フェイマス・ラブレター』（川成洋監訳、同朋舎出版、１９９５年）は、歴史に名を残す人物が書いた手紙を集めたものである。「時を超える愛」には、シャルロッテ・フォン・シュタインに宛てたゲーテの手紙や、エレン・テリーへのジョージ・バーナード・ショーの手紙などが含まれている。「激しく燃える愛」では、ナポレオン、ベートーヴェン、リスト、フリーダ・カーロの手紙の一部を読める。「薄幸の恋人たち」には、エロイーズからアベラールへの手紙、ミレナ宛のカフカの手紙など、おしまいの「喜びと慰め」には、モーツァルト、チェーホフ、チャーチルなどの手紙が入っている。冒頭には、「男と女が常よりも真剣に手紙を読もうとするなら、考えられる状況はひとつしかない。それは、恋しているときにラブレターを読むときだ」というモーティマー・アドラーのことばが置かれている。

ふたつの手紙を引用してみよう。ひとつは、作曲家、ピアニストであったリストがマリー・ダグー伯爵夫人に宛てた情熱のほとばしる手紙である。のちに、ふたりの間に生まれたコジマは、リヒャルト・ヴァーグナーと結婚した。

マリー！　マリー！
その名前を百回繰り返し呼ばせてほしい、
　いや、千回以上も。
もう三日もあなたの名前は私の中に住みつき、私に取りついて、
　熱く火をつける。
これはあなたへの手紙ではない。いや、私はあなたのすぐ側にいる。あなたが見える、
　声も聞こえる……
あなたの腕の中の永遠……天国も地獄も、
　すべてはあなたの中にあり、さらにそれ以上のものが……
ああ！　うわごとと思って聞いてくれ。
退屈で、用心ばかりして、せせこましい現実などもううんざりだ。
　せいいっぱい愛し、嘆き悲しみ、生きるべきなのに！
ああ、あなたは、私が自己を犠牲にして清純、自制、
　敬虔さを保つことができると思っているのだ。

そうでしょう?

だが、もうこれ以上何も言いたくない……

質問するのも、結論するのも、意のままに私を救うのもあなたなのだから。

いっそ狂ってしまいたい。あなたが何もできない、
私のために何もできないというのなら。

話さないではいられない。

それしかないのです!

それしか!（106~107頁）

もうひとつは、1829年にロンドンのコヴェント・ガーデン王立劇場でデビューした女優ファニー・ケンブルが、結婚して8年後の1842年に夫のピアス・バトラーに宛てた手紙である。結婚の継続と離婚の間で揺れる心情がかいま見られる。6年後に、ふたりは別れた。

ロンドンにて

私はかつて、必要なら命さえ与えようほどにあなたを愛し、あなたをあらゆる地上的な幸福の中心に据えてきました。世界中の誰にも負けないほど愛してきたのです。そんなあなたを他人のように思ったり、無視するなど、誰ができましょう。あなたは昔、私が生きるための唯一の目的

でした。私は全身全霊をかけてあなたを求め、思いと希望と愛情のすべてを捧げました。あなたはかつての恋人、今の夫、そして娘たちの父。そのことをどうして忘れることができましょう。あなたの姿に胸は高鳴り、心はいまだ、あなたの声に打ち震え、あなたの足音に血は騒ぐのです。（２０１頁）

H・アンナ・スー編の『ゴッホの手紙　絵と魂の日記』（千足伸行監訳、冨田章、藤島美菜訳、西村書店、２０１２年）は、ゴッホが残した膨大な手紙の一部と、手紙で言及された作品や風景などのスケッチや、絵画を編集したものである。

フィンセント・ファン・ゴッホ（１８５３〜１８９０）の生涯は、描くことと描くことについて考えること、考えたことを手紙に書くことに費やされた。この本には、おもにゴッホが弟のテオに宛てた手紙の抜粋と、自筆の手紙のコピー、ゴッホの描いた絵画のいくつかが収められている。驚くほど細やかな文字で、びっしりと書かれたテオ宛の手紙には、ゴッホの絵画観や自己批評、反省と自負の念などが率直に書きしるされている。１８８２年の手紙の一部を引用してみよう。

ぼくは、人々を感動させるような素描を行ないたいと思っている。人物であろうと、風景であろうと、ぼくが表現したいのは、何か感傷的にメランコリックなものではなくて、深い悲しみなのだ。（43頁）

つまり、人々がぼくの絵について、この人物は深く思いにふけり、この人物は鋭敏に何かを感じている、などと語る段階にまで到達したいのだ。きみもわかっての通り、いわゆるぼくの粗っぽさにもかかわらず、というよりおそらくまさに粗っぽさゆえにそう言わせたいのだ。（同頁）

大多数の人の目に、ぼくはどのように映っているのだろうか。取るに足らない人だろうか。あるいは、風変わりな人、とっつきにくいやつなのだろうか。社会的地位もなく、あったとしても下の下というところだろう。（同頁）

いいだろう。物事すべてが確かにそのとおりだとしても、自分の仕事を通して、こうした風変わりで、取るに足らない人間の心の内をみせてやりたいのだ。（同頁）

ゴッホは、自分の絵の生命線、自分の見た自分の姿、他人が見ている自分の像、自分の野心を語っている。上の引用に続くのが、つぎの文である。

これがぼくの野心なのだ。（中略）ぼくは、しばしばめちゃくちゃな状態になるけれど、ぼくの内にはまだ穏やかで純粋な旋律と音楽がある。もっとも貧しい小さな家やもっとも汚らしい街角にも、ぼくは油彩や素描を見出す。抗いがたい衝動に駆られるかのように、ぼくの心はこうした方向に向かうのだ。（同頁）

魂の足跡を伝える数々の手紙は、ゴッホがこころを寄せて描いた貧しいひとびとや、畑や果樹園、山や星月夜などの自然描写、自画像を観る見方に変更を迫ってくる。絵の背後に潜んでいるゴッホの経験の諸相が想像される。ゴッホというひとりの人間の真実に近づくことができる。

ゴッホの絵を好むひとにも、絵に興味のないひとにも、強くすすめたい一冊である。

3月—1
古典の森を散策してみよう（3）
—『方丈記』を読む—

鴨長明の『新訂　方丈記』（市古貞次校注、岩波文庫、1989年）は、しばしば地震や津波、火山の噴火や台風などによって甚大な被害をこうむる島国に住む者にとって、厄災とどう向きあって生きるかを考えるうえで示唆に富む古典である。

長明が生きた中世も、天変地異が続いた時代だった。彼は、20〜30代にかけて、都の大火、辻風（つむじ風）、飢饉、大地震に遭い、50代後半になって、その経験を目の前でおきている出来事であるかのように書きしるした。30年以上にわたって保持された記憶が、迫力のある文体となって凝縮したのである。自然の猛威に曝される者が危機的な状況のなかでなにをすべきか、どう生きるのが好ましいかについての多くの教訓がそこにはこめられている。

鴨長明（1155〜1216）は、京都の下鴨神社の神官鴨長継の次男として生まれた。青年時代には和歌や琵琶を習い、のちに歌人として活躍した。望んでいた地位につくことを同族者にはばまれ、失望し、50歳を過ぎてから出家遁世して洛北大原に住み、その後、都の東南の日野山に移り、庵を結んで簡素な生活を過ごした。『方丈記』は、1212年頃に書かれたとされる。格調高い和漢混交文のオリジナルのほかに、いくつかの異本が残されている。

『方丈記』は、内容的に2部にわかれ、前半は、過去の災害経験の想起、後半は、自伝的な回想と心境告白などからなっている。

冒頭のよく知られた文章を引用してみよう。「ゆく河の流れは絶えずして、しかももとの水にあらず。よどみに浮ぶうたかたは、かつ消えかつ結びて、久しくとどまりたるためしなし。世中にある人と栖と、又かくのごとし」（９頁）。絶えず変転するものの象徴として河の流れと水の泡の例が引かれたのちに、力点は人と栖に移る。いま生きているひとはいなくなり、栖もなくなるという「諸行無常」の確認である。あたらしく生まれてくるひとも、やがていなくなる。古代の哲人ヘラクレイトスの「万物は流転する」、ローマの哲人アウレーリウスの「生者必滅」の思想が思いおこされる。『方丈記』の書き出しには、いくつもの災難に直面し、生きているもの、形あるものの不意の消滅を目にした長明の実感がこめられている。

前半は、５つの「世の不思議」（10頁）の見聞報告である。まず、安元３年（１１７７年）の大火である。都の東南で発生した火事が西北まで延焼し、一帯が一夜にして灰塵に帰すさまが、あたかも実況中継のように活写される。「吹き迷ふ風に、とかく移りゆくほどに、扇を広げたるがごとく末広になりぬ。遠き家は煙にむせび、近き辺はひたすら焰を地に吹きつけたり。（中略）其中の人うつし心あらむや。或は煙にむせびて倒れ伏し、或は焰にまぐれてたちまちに死ぬ」（11～12頁）。長明はこう考える。「人のいとなみ皆おろかなるなかに、さしもあやふき京中の家を作るとて、宝を費やし、心を悩ます事は、すぐれてあじきなくぞ侍る」（12頁）。死んでいくことが分かっているのに、家を建てようとするひとの愚かさを嘆くのである。とはえ、形あるものへの執念を捨てきれないのがひとの常なのである。

２番目の不思議は、治承４年（１１８０年）の辻風（つむじ風）で、突風に吹き飛ばされて壊滅状態になった家や垣根、怪我したひとの現状などがなまなましく描かれている。

3番目の不思議は、同年の福原遷都である。平清盛の福原遷都決断によって翻弄されるひとびとや、荒れすさんでいく都、福原などの様子が報告されている。

4番目の不思議は、養和（1181〜1182）の頃に足掛け2年にわたって続いた飢饉である。「二年が間、世中飢渇して、あさましき事侍りき。或は春夏ひでり、或は秋、大風、洪水など、よからぬ事どもうち続きて、五穀ことごとくならず」（17〜18頁）。飢えきった人々の死を前にした、あわれな、あるいはせつないふるまいが描かれたあと、死者の数がこう報告される。「人数を知らむとて、四五両月を数へたりければ、京のうち、一条よりは南、九条より北、京極よりは西、朱雀よりは東の、路のほとりなる頭、すべて四万二千三百余りなんありける。いはむや、その前後に死ぬるもの多く、又川原、白河、西の京、もろもろの辺地などを加へていはば、際限もあるべからず」（21〜22頁）。京都のコンクリートの地面の下には、飢餓に倒れた無数のひとびとの折り重なる大地が横たわっているのだ。

5番目の不思議は、元暦2年（1185年）の大地震である。簡潔な記述が、読み手の想像力をかきたてる。「山は崩れて河を埋み、海は傾きて陸地をひたせり。土さけて水わきいで、巌われて谷にまろびいる。渚漕ぐ船は波にただよひ、道ゆく馬は足の立ちどをまどはす」（22頁）。長明は大地震の恐怖をこう語る。「恐れのなかに恐るべかりけるは、只地震なりけりとこそ覚え侍りしか」（23頁）。つくづく地震の恐ろしさが身にしみたということだ。

「五つの不思議」について語ったあと、長明は、この世界では頻繁に自然災害がおこり、ひととのつきあいにもわずらわしいことが絶えず、苦しみが連続すると嘆息する。遁世を語る後半へのつなぎである。

後半で、長明は、なぜ世を捨て、日野の山の庵でひとり住むようになったのかを語る。草庵の結構や、周囲の景色なども丁寧に描写している。前半では、荒ぶる自然が主題だが、後半では、自然はどこまでも優しい風景として描かれている。藤の花に覆われた谷間、雪の降り積もった山、冴え渡った月の夜、夏のほととぎす、秋のひぐらし、草むらの蛍の光などが、長明の親しい友としてよろこびを与えている。「山中の景気、折につけて尽くる事なし」（33頁）。

おしまいの方で、世俗のひとびとに対して、世捨て人となった自分を弁護する文が入る。「夫、三界は只心一つなり。心若しやすからずば、象目、七珍もよしなく、宮殿、楼閣も望みなし。今さびしきすまひ、一間の庵、みずからこれを愛す」（38頁）。少し分かりにくいので、訳してみる。「そもそも、世界というものは、心のもち方次第だ。もし心が落ち着いていないならば、どんな財宝も意味をもたず、宮殿や楼閣も値打ちをもたない。いま私は一間のさびしい庵に住んでいるが、この住まいを愛しているのだ」。以下の文で、長明の本音が出る。「おのづから都に出でて、身の乞匃となれる事を恥づといへども、帰りてここに居る時は、他の俗塵に馳する事をあはれむ」（同頁）。これも訳してみよう。「都に出て、自分が乞食の身分になったことを恥ずかしく思うこともあるが、この庵に帰ってみると、他のひとびとが俗事にまぎれて忙しくしていることを気の毒に思うのである」。

長明は、「あらゆることへの執着心を断て」という仏の教えに従って世俗への執着心は捨て去ったものの、気楽な庵のひとり住まいへのこだわりを捨てきれない自分の不徹底を皮肉りながら筆を置いている。矛盾に満ちたこころを裸にし、身を低くしてつぶやく姿勢が好ましく感じられる。

『方丈記』は、自然的、人為的な厄災に翻弄されながら生きて死んでいく人間に、「形あるものは崩れることを念頭において生きよ」という身の処し方を教えてくれる書である。有形のものへの執着を無の地平から照らし出し、「有」を相対化して生きることの必要性を訴えて、いまも「無」への道しるべとなっている。

古文が苦手なひとには、現代語訳を読むことをすすめたい。何種類も出ているが、おすすめは、佐藤春夫の『現代語訳　方丈記』（岩波現代文庫、２０１５年）である。佐藤春夫（１８９２～１９６４）は和歌山県の新宮町に生まれ、詩人、作家として活躍した。日本の古典への造詣が特に深かった。『方丈記』の最初の英訳者は夏目漱石だが、その後、佐藤と同郷の南方熊楠も英訳を試みている。

佐藤は、3種類の『方丈記』訳を残したが、本書は、１９３７年に、「通俗方丈記」のタイトルで雑誌『浄土』に5回にわたって掲載された。他のふたつは原文に忠実で、逐語訳に近いが、本書の訳は補足や説明文が多く、分量も原文をはるかに凌駕している。冒頭の文の佐藤訳を見てみよう。「河の流れは常に絶える事がなく、しかも流れ行く河の水は移り変って絶間がない。奔流に現われる飛沫は一瞬も止る事がなく、現われるや直に消えてしまって又新しく現われるのである。世の中の人々の運命や、人々の住家の移り変りの激しい事等は丁度河の流れにも譬えられ、又奔流に現われては消えさる飛沫の様に極めてはかないものである」（3頁）。オリジナルの簡潔な響きは消えているが、委曲をつくした訳文のおかげで、長明の主張がはっきりと伝わってくる。

原文「人のいとなみ皆おろかなるなかに、さしもあやふき京中の家を作るとて、宝を費やし、心を悩ます事は、すぐれてあぢきなくぞ侍る」（12頁）は、こう意訳されている。「人間は本来、色んな愚にも付かない事をするものであるが、とり分けこん度の様に一朝にして総てを灰燼に帰すると云う様な危険性の多分にある都会の中にあって、一朝にして灰となる運命も知らぬげに、自分の住家に、大層なお金を掛けて、ああでもない、こうでもないと色々と苦心して、建てる事程間抜けな愚かしい事はないとしみじみと思い当った。こうして苦労して建てても一朝火災に見舞われれば直に灰燼となってしまうのであるのに、全く建物にお金を掛けたり苦労する程馬鹿らしい事はない」（9頁）。長明がさらりとしたためた一文が、佐藤の手にかかると、まるで墨絵を写実的な油絵に描き変えたかのようなぐあいである。

本書には、現代語訳のほかに、長明の晩年を描いた創作「鴨長明」（1935）、長明をそれぞれ吉田兼好、西行法師と比較した作家論2編「兼好と長明と」（1937）と「長明と西行法師」（1946）がおさめられている。「兼好と長明と」のなかで、佐藤はこう述べる。「自分はこの両者の新らしさに先ず驚嘆した。到底、六百年前、七百年前の著述とは思えぬばかりの新らしい生命の脈動していることをいうのである。（中略）一人は『折にふれば何かはあはれならざらむ』の情懐を抱いた春風駘蕩の現実家であり、一人は『世に従えば身苦し』と秋霜の気を帯びた理想家であった」（95頁）。

作家三木卓（1935年、東京生まれ）の『私の方丈記』（河出書房新社、2014年）は、現代語訳の方丈記、「私の方丈記」と題する12のエッセー、方丈記の原文からなっている。三木の現代語訳は、極度に漢字が制限されて、やわらかな日本語で書かれているため読みやすい。逐語訳的な箇所もあれば、意訳的な箇所もある。冒頭の部分を見てみよう。「川は、いつもおなじ姿で流れている。しかし、その流れをかたちづくっているのはおなじものではない。新しい水がたえず上流から流れてきては、そのまま下流にむかって流れさっていく。これがありのままの姿である。／流れのよどみには、水のあわが浮かんでいる。あわは、いまここで消えていくかと思うと、またあちらに生まれる。あわの浮くよどみというおなじ情景ではあっても、じつは消えては生まれる。はかないくりかえしをわたしたちは見ているのだ。いつまでもこわれないあわが、浮いているわけではない。／この流れの水や、あわのあり方とおなじことが、人間のじっさいの姿や、住む家についてもいえる」（9頁）。

先に引用した『方丈記』12頁の一文は、つぎのようになる。「人のおこなうことは、おろかなことばかりである。だが、こんなにも火事の危険がある都に、たくさんの金をつかい、神経をすりへらして家を建てるなどということは、まったくどうしようもないことといわなければならない」（13頁）。フランスの哲学者パスカルも、「死んでいくことが分かっているのに家を建てるのは愚かだ」という意味のことを書きしるしたが、洋の東西を問わず、世捨て人にでもならないかぎり、愚かなことをして生きて、死んでいくのはひとの習いである。

堀田善衞（1918〜1998、富山県生まれ）の『方丈記私記』（ちくま文庫、1988年）は、1945年3月の東京大空襲を身をもって知った堀田の自伝的なエッセーである。書き出しの文章はこうである。「私が以下に語ろうとしていることは、実を言えば、われわれの古典の一つである鴨長明『方丈記』の鑑賞でも、また、解釈でもない。それは、私の、経験なのだ」（7頁）。堀田は、灰燼と帰した東京のありさまを、長明の見た現実と重ねあわせながら克明に書きしるしたのである。

堀田は、3月10日の大空襲から、同月の24日に上海に出発するまでに、集中的に『方丈記』を読んだという。その理由をこう述べる。「それは、やはり戦争そのものであり、また戦禍に遭遇してのわれわれ日本人民の処し方、精神的、内面的な処し方についての考察に、何か根源的に資してくれるものがここにある、またその処し方を解き明すためのよすがとなるものがある、と感じたからであった。（中略）この戦禍の先の方にある筈のもの、前章及び前々章にしるした新たなる日本についての期待の感及びそのようなものは多分ありえないのではないかという絶望の感、そのような、いわば政治的、社会的転変についても示唆してくれるものがあるように思ったからでもあった」（70〜71頁）。

堀田が目にした焼け野原は、いまや無数の建築物で覆われ、戦火の痕跡は消えた。闇の空間はまばゆいばかりの照明にとって変わられ、街の光景は一変した。しかし、街を支える大地の異変や、荒ぶる自然の急襲によって、再度、街が闇につつまれる日が来ないという保証はない。その日を予想して、現在を終末へのまなざしと重ねあわせて生きることが必要なのではないか。古典を読むということは、一見ありそうもないことを思い描く力や強靱な想像力を養うためのトレーニングともなりうるのだ。

3月—2

卒業

——もう、そして、これから——

カート・ヴォネガットの『これで駄目なら　若い君たちへ――卒業式講演集』（円城塔訳、飛鳥新社、2016年）は、主に大学の卒業式のスピーチを集めたものである。原題は、IF THIS ISN'T NICE, WHAT IS ? advice to the young The graduation speeches である。節目の季節に、自分の学生時代をふり返り、未来の社会人としてのあり方を考えてみるには最高の読み物だ。

カート・ヴォネガット（1922～2007）は、アメリカのインディアナ州インディアナポリスに生まれた。1950年にSF作家としてデビューし、その後数々の小説を発表し、現代アメリカ文学を代表する作家のひとりとなった。第二次世界大戦でヨーロッパに出征し、ドイツ軍に捕えられ、ドレスデンの捕虜収容所に送られた。このときに、連合軍による猛烈な爆撃を目にした。この体験をもとにして、『虐殺場5号　Slaughterhouse-Five』（1969）が書かれた。SF的な手法や寓話の体裁を用いた小説やエッセーはアメリカ中の高校生や大学生によく読まれた。日本でも、ほとんどの作品が翻訳されている。ヴォネガットはいくつもの卒業式に招かれるようになり、ありのままの自分をさらけ出すスピーチが人気を得た。

序文を寄せたダン・ウェイクフィールドは、こう述べている。「ヴォネガットはいつも平易な言葉と言い回しを用いて、誰もが感じてはいるもののうまく言えないでいることや内面を的確に表現し、先入観を揺さぶり、物事を違う角度から見ることができるようにしてくれる」（7～8頁）。「彼は深遠な内容を楽しく語ることができたし、同じ態度と精神は卒業にあたってのスピーチの際にも発揮された。彼は若いからといって特別扱いしたり、未熟な相手として語りかけたりはしなかった」(8頁)。

講演「卒業する女性たちへ(男性もみんな知っておくこと!)」(アグネス・スコット大学、1999年5月)は、こんな調子で始まる。「君たちのことが好きだ。誇りに思う。期待している。元気でいて欲しい」(34頁)。祝福のことばが続く。「わたしは君たちが教育を受けてくれたことに感謝している。合理的になり、物事を知るようになったことで、君たちは自分たちのいるこの世界を、より理性的なものにしてくれた。君たちの卒業は、わたしが今まで聞いてきたニュースの中でトップを争ういいニュースであると伝えてお祝いの言葉としよう。懸命に勉強して、賢く、合理的な、物事をよく知る人間になったことで、君たちはこの小さな惑星、素晴らしく小さな、水をたたえた、青く緑の球体を、君たちが生まれる前よりマシなものにしてくれた」(45頁)。読書のアドヴァイスもある。「本を読むことをやめてはいけない。本はいいものだ――ちょうどいい感じの重さがある。指先でやさしくページをめくるときのためらい。わたしたちの脳の大部分は手が触れているものが自分にとっていいものなのか悪いものなのかを見定めるのに使われている。どんなちっちゃな脳でも、本はいいものだとわかるんだ」(46頁)。脳にとってよくないものがテレビとコンピュータだ。「インターネットに巣食う亡霊たちと家族になろうとしてはいけない」(同頁)。インターネット万能時代に逆行するメッセージではあるが、そのとおりだろう。

「百万長者だって持ってないもの」（ライス大学、２００1年10月）の出だしはこんな具合である。「有り難う。そして、君たちと君たちをアメリカの大学で勉強できるようにしてくれた人々に栄えあれ。知識を得、理性的な、責任ある大人になることで、君たちはこの世界を君たちが生まれてくる前よりもよいものにしてくれた」（50頁）。この講演のおしまいでは、作家のマーク・トウェインが人生の最期に臨んで、「人生には何が必要なのか」を自問し、それを六語で言えることに気づいたという話が出てくる（54頁参照）。それは、「隣人からの適切な助言（The good opinion of our neighbors）」（54頁）である。われわれはどんなに年を重ねても、自分のことがよく分からないままに生きている。隣人の方が自分のことをよく分かっていることの方が多いのだ。だからこそ、隣人の助言が指針となり、そのおかげで道を誤らなくてもすむ。とはいえ、だれもが隣人の助言を受けられるわけではない。傍若無人なふるまいをしていると、隣人から敬遠され、愛想をつかされることもたびたびだ。年を取っても隣人からの助言が受けられるということはむずかしい。そこで、ヴォネガットはこうアドヴァイスする。「隣人たちから適切な助言を得るには、学校で学んだ専門知識を駆使して、礼儀と敬意を払い、模範的な本と年長者に従う暮らしをするべきだ」（55頁）。

「音楽の慰め（この世はロクでもないことばかりだから）」（イースタン・ワシントン大学、２００4年4月）は、ヴォネガットの時代批判が炸裂する講演だ。本音とジョークが交じりあった破天荒なスピーチは、卒業生をいくぶん当惑させたかもしれない。絶対的な権力がわれわれを絶対的に堕落させたために、アメリカは人間的で理性的な国家になるチャンスを失ったというのが彼の診断だ（69頁参照）。彼は第二次世界大戦やヴェトナム戦争後の時代の危機を見つめつつ、他方で音楽への愛を語る。「わたしたちの政府と企業とメディアとウォールストリートと信仰と慈善事業団体がどれほど堕落し貪欲になったとしても、音楽は完璧に素晴らしい存在のままだろう」（70頁）。彼は、アフリカ系アメリカ人が奴隷の境遇に置かれていた頃から世界に送り出したブルースを、「世界への贈り物」（72頁）と見なしている。

ヴォネガットの人間観は辛らつだ。「我々は不実で、信頼できず、嘘つきで、貪欲な動物なのだ！」（77頁）。彼は、この星を「宇宙の精神病院」と呼んだバートランド・ラッセルを引きあいに出して、この病院では収容者たちが互いに苦しめあって、絆を破壊しているというラッセルの話を紹介している（78頁参照）。ヴォネガットはまた、イギリスの歴史家エドワード・ギボンの「『歴史は実際のところ、犯罪と人類の愚行と災難の記録とほとんど変わるところがない』」（79頁）ということばを引用している。ヴォネガットによれば、『白鯨』『ハックルベリー・フィンの冒険』『イーリアス』『オデュッセイア』といった偉大な文学も、人類がいかに駄目なことをしているかを物語るものだ（80頁参照）。

現状についての悲観的な見通しも語られる。「こうして話している間にも、我々は化石燃料の最後の一塊、一雫、一山を、無駄極まる熱力学的馬鹿騒ぎで浪費している。こうしている間にも、わたしたちの消費行動は大気を呼吸できないものに、水を飲めないものに変化させていて、わたしたちのせいで更に多くの生き物たちが暮らしを破壊され続けている」（87頁）。彼は、自分が真実と考えることを若者に伝える。「わたしたちは全員、自分の症状をそれと認めようとしない段階にある化学燃料依存症患者なんだ。もうすぐ禁断症状に直面することになるだろう」（同頁）。

「自分のルーツを忘れないこと」（バトラー大学、1996年5月）は、故郷でのスピーチである。「飛行機で飛び回っているテレビに出てくる有名人たちにこう言ってやりたい。よう、金稼ぎ中毒の電気仕掛け野郎」（129頁）。有名人をくさしたあとで、彼は、叔父のアレックス・ヴォネガットが語ったことを伝えている。「彼が言うには、物事が本当にうまくいっているそのときに、ちゃんと気づかなくちゃいけない。偉大な勝利の話じゃなくて、ほんのささやかな出来事のことだ。木陰でレモネードを飲むときみたいな。パンの焼ける匂いとかね。魚釣り。夜、外に立って、コンサートホールから聞こえてくる音楽に耳を澄ませるとき。うむ。キスのあとなんていうのはどうかね。彼はそういうときにはこう声に出すことが大切だと言った。『これで駄目なら、どうしろって？』」（130頁）。叔父は、幸せでありながら、それに気づかずにいるのはおそるべき浪費だと考えていたという（同頁参照）。

ヴォネガットは若者に、この星のちいさな一画に、安全で正気できちんとした秩序を備えた土地を築くことを目標にすることを勧め（131頁参照）、講演をこう締めくくっている。「やらなきゃいけないことはたくさんある。／やり直さなきゃいけないこともたくさんある。精神的にも、肉体的にも。／そうして、もう一度言おう。幸せの種もたくさんある。／忘れちゃ駄目だよ！」（同頁）。

『巨大な夢をかなえる方法　世界を変えた12人の卒業式スピーチ』（佐藤智恵訳、文藝春秋、2015年）は、ジェフ・ベゾス（アマゾン創業者）、シェリル・サンドバーグ（フェイスブックCOO）、トム・ハンクス（俳優）、メリル・ストリープ（俳優）、マーティン・スコセッシ（映画監督）、チャールズ・マンガー（バークシャー・ハサウェイ副会長）ら12人の卒業式でのスピーチを集めたものである。ヴォネガットの破格な語りとは対照的に、この本に登場する人物は、オーソドックスな語り方をしている。彼らは、自分の経歴や失敗談などエピソードを交えて話しながら、卒業生を祝福し、あらたな門出に際して激励のことばを贈っている。

台北市生まれのジェリー・ヤン（ヤフー！創業者）は、母親とともに10歳で渡米した。スタンフォード大学の工学部を卒業したが、就職先が見つからず、やむなく大学院に進学し、途中で起業家に転進した。ハワイ大学ヒロ校でのスピーチ（２００９年5月）では、自分の体験とアドヴァイスを語っている。ヤンは、大学院時代に日本に6カ月間留学し、相撲ファンになっている。彼は学生に、自分の枠から外に出ること、世界に飛び出してみること、未踏の地に足跡を残すことを勧めている（44頁参照）。「世界は一冊の本である。旅に出ない人は最初の1ページ目しか読んでいない」（同頁）というアウグスティヌスのことばが援用されている。ボストン生まれの作家ラルフ・ワルド・エマーソンの「人生とは授業の連続。それは体験しなければ理解できないものばかりである」ということばも引用されている。スピーチの終わりの方で、ヤンはこう激励している。「今の皆さんの仕事は、未知の世界に足を踏み入れ、何が起こるか見届けること。あせらなくても大丈夫。どんな仕事からも学び、人生を楽しんでください」（48頁）。

ディック・コストロ（ツイッターCEO）は、母校のミシガン大学の卒業式に登壇している（2013年5月）。彼は、台本のない人生を生きる最善の方法は、自分の好きなことに全力を注ぐことだと強調している。好きで選んだ道ならば、どんな困難も乗りこえられると力説している（64頁参照）。おしまいに、彼は、「今この瞬間を生きてください」を3度繰り返して、「今を生きる」ことの大切さを訴えている。

メリル・ストリープは、バーナード大学でのスピーチ（2010年5月）で、俳優としてのキャリアを振り返ってこう述べている。「ご存知のとおり、私は、人に虚構を信じてもらう『俳優』という職業で成功してきました。何かをやってきたわけではなく、何かをやる〝ふり〟をしてきた人間です。だから、卒業生のご家族が私をロールモデルとしてふさわしいと思ってくれるか、今ひとつ自信がありません」（166頁）。こう謙遜したあとで、彼女は、「女性と演技」の関係を話題にする。「女性が、男性よりも演技が上手いのはなぜでしょうか？　それは生き延びるために演じなければいけなかったからです。自分よりも体が大きい男性に意見をうまく聞いてもらおうとすると、弱くて無知な女性を装う必要が出てきます。演技は女性が生存していくためのスキルだったのです。このスキルをつかって、女性は何千年も生き残ってきたのです」（168頁）。彼女は、この女性論を男性にもひろげていく。

「演技は人生を生き抜くのに必要な、大切なスキルです」（同頁）。場の雰囲気を読んで相手に合わせる〝ふり〟をしたり、状況に応じて違う自分を演じたりする「柔軟性」が、生きるためには欠かせないということだ。とはいえ、〝ふり〟はしばしば見破られる。彼女自身は、高校時代に男子から気に入られるために「ふり」のスキルを磨いたが、同性からは嫌われた。女子大に入って、目覚め、本来の自分に戻った（173頁参照）。のちに俳優となるにあたって、若い頃のスキル磨きは役立ったようだ。

チャールズ・マンガーの南カリフォルニア大学ロースクールでのスピーチ（2007年5月）は、ユーモラスな調子で始まる。「皆さんの多くは、なぜこんな年寄りが卒業式で講演をするのだろうと、不思議に思っていることでしょう。その理由は明らかです。まだ死んでいないからです！」（221頁）。この講演で、彼がもっとも強調するのが「学び続けること」だ。「皆さんは、一生学び続けなくてはならないということです。そうしなければ、豊かな人生も送れません。大学で身につけた知識だけでは不十分なのです。卒業後、どれだけ学べるかが勝負です。学習すればするほど、前に進んでいくことができます」（225頁）。彼はまた、「物事を一面からしか見ない大バカ者」（229頁）になってはいけないと述べる。物事のつながりに気を配り、大局的な観点からものを見るようにつとめることのすすめだ。そのためには、学ぶこと、考えることが大切だ。そのほかのアドヴァイスをいくつか列挙しておこう。「物事を反転して考えてみる」（233頁）、「イデオロギーに洗脳されるな」（235頁）、「嫌な人間関係を避けよ」（241頁）、「学ぶ達人のもとで学べ」（244頁）、「強い好奇心を持て」（246頁）、

「勤勉さを大切に」(２４７頁)、「トラブルに備えよ」(２４９頁)などである。最後のアドヴァイスと関連して、イギリスの詩人アルフレッド・エドワード・ハウスマンの詩が引用されている。「『他人の考えは浅はかで、はかない。恋人に会いたい、運に恵まれたい、名声が欲しい。そんな考えで頭がいっぱいだ。しかし私は違う。問題にどう対処するべきか、いつも考えている。だから、何が起きても私の考えはぐらつかない。いつトラブルがやってきても大丈夫なように備えているからだ』」(２５０頁)。マンガーは、トラブルに備えて慎重に生きたおかげで、幸せな人生を送ることができたと回顧している。

この本に登場するひとたちが一様に強調しているのは、学ぶこと、考えて生きることは学生時代が終わっても続くということだ。本を読み、幅広く学び、深く考えることが豊かな人生にむすびつく。それを避けていると、窮屈で一面的な考え方に陥り、苦境を切り開く力が育たない。現実の社会では、わずらわしい人間関係に巻きこまれたり、困難なことにもしばしば直面しなければならない。抵抗力をつけておかないと乗り切れない。そのためには、なによりも柔軟に、多面的に考える力が大切なのだ。

おわりに

本書は、『18歳の読書論——図書館長からのメッセージ——』シリーズの4冊目にあたるものである。筆者が阪南大学の図書館長在職時代から大学のHPに書き始めて、職を退き、退職後にも連載している「おすすめの一冊」コーナーの文章に手を入れたものがもとになっている。

今回も図書館職員の井窪昭博さん、三笠範香さんが文章を飾る画像を作成してくださった。日常のお忙しい業務の合間を縫って、時間をとっていただきありがとうございました。

本書の出版にさいしては、これまでと同様に、晃洋書房の井上芳郎さんに大変お世話になった。このたびも、編集部の石風呂春香さんに校正の作業を担当していただいた。

妻のゆりえは、読みやすい文章になるようにと、拙文を推敲してくれた。

このような拙い書物が続けて4度までも日の目を見ることができたのは、ひとえにこれらのひとびとのご協力あってのことであり、衷心より御礼申し上げたい。

なお、本文中の敬称の省略については、ご寛恕願えれば幸いである。

ひとをとりこにするスマホの威力は驚異的だ。いたるところに、スマホを手にするひとがいる。本の運命は、まさに風前の灯のようにも見える。けれども、ひとりのゆっくりとした時間を、文庫本とともに生きるひとが消えてしまうことはないだろう。本には、スマホ以上にひとを魅了する力があるからだ。本を好んで読むひとは、読書がもたらす別格の幸福を享受しているに違いない。
　本書で推薦する本の何冊かを読んで、読書の魅力に触れ、読書が人生の得がたい喜びとなるひとがひとりでも増えることを、切に願うものである。

２０１７年　盛夏

和田　渡

人名索引

〈ア　行〉

〈カ　行〉

〈サ　行〉

〈タ　行〉

〈ナ　行〉

〈ハ　行〉

〈マ　行〉

〈ヤ　行〉

〈ラ・ワ行〉

書名索引

〈ア　行〉

〈カ　行〉

〈サ　行〉

〈タ　行〉

〈ナ　行〉

〈ハ　行〉

〈マ　行〉

〈ヤ　行〉

〈ラ　行〉

〈ワ　行〉

《著者紹介》
和田　渡（わだ　わたる）
1949年生まれ
同志社大学大学院文学研究科博士課程単位取得
現　在　阪南大学名誉教授
専　攻　哲学

著　書
『自己の探究』ナカニシヤ出版，2005年．
『18歳の読書論——図書館長からのメッセージ——』晃洋書房，2013年．
『続・18歳の読書論——図書館長からのメッセージ——』晃洋書房，2014年．
『新・18歳の読書論——図書館長からのメッセージ——』晃洋書房，2016年．
共　訳
『身体　内面性についての試論』ナカニシヤ出版，2001年．
『使える現象学』筑摩書房（ちくま学芸文庫），2007年．

19歳の読書論
——図書館長からのメッセージ——

2018年2月10日　初版第1刷発行　　＊定価はカバーに表示してあります

著者の了解により検印省略

著　者　和田　渡©
発行者　植田　実
印刷者　田中雅博

発行所　株式会社　晃洋書房
〒615-0026　京都市右京区西院北矢掛町7番地
電話　075(312)0788番㈹
振替口座　01040-6-32280

印刷・製本　創栄図書印刷㈱

ISBN978-4-7710-2967-5